Peter Beck

Aquarien-ABC

Profi-Tips für Einsteiger

osmos

Mit 67 Zeichnungen von Kropf (1, S. 24), Söllner (12 Pflanzenzeich-nungen), Angela Paysan (45 Fischzeichnungen), Brigitte Zwickel-Noelle (4 Fischzeichnungen, S. 45 3. Fisch, S. 46 2., Seite 47 oben, S. 49) und aus dem Archiv (5, Seite 10, 11, 27) sowie 17 Farbaufnah-men vom Autor (2, S. 17), Burkard Kahl (10) und Reinhard-Tierfoto (5, S. 18 oben, 36, 37 oben, 56 oben).

Umschlaggestaltung von Atelier Reichert, Stuttgart, unter Verwen-dung von 4 Farbaufnahmen von Gerhard Brünner (Pflanze) und Bur-kard Kahl (Fische).

Die Umschlagvorderseite zeigt im großen Bild Keilfleckbarben (*Rasbora heteromorpha*) sowie Rotkopfsalmler (*Hemigrammus bleheri*) und eine Rundblättrige Rotala (*Rotala rotundifolia*), die Umschlagrückseite Marigoldplatys (*Xiphophorus variatus*).

Die Deutsche Bibliothek – CIP-Einheitsaufnahme

Beck, Peter:
Aquarien-ABC / Peter Beck. – Stuttgart : Franckh-Kosmos, 1992
ISBN 3-440-06325-9

Alle Angaben in diesem Buch sind sorgfältig geprüft und geben den neuesten Wissensstand bei der Veröffentlichung wieder. Da sich das Wissen aber laufend weiterentwickelt und vergrößert, muß jeder Anwender prüfen, ob die Angaben nicht durch neuere Erkenntnisse überholt sind. Dazu muß er zum Beispiel bei Be-handlungsvorschlägen den Tierarzt konsultieren, Beipackzettel zu Medikamenten lesen, Gebrauchsanweisungen und Gesetze beachten.

© 1992, Franckh-Kosmos Verlags-GmbH & Co., Stuttgart
Alle Rechte vorbehalten
ISBN 3-440-06325-9
Lektorat: Angela Wolf
Printed in Germany/Imprimé en Allemagne
Satz: G. Müller, Heilbronn
Druck und Binden: Huber KG, Dießen

Die Planung

Beste Beratung im Zoofachgeschäft

Der erste Schritt Der erste Schritt zum schönen Aquarium führt Sie in ein Zoofachgeschäft. Dort haben Sie die Gewähr, daß Sie neben der Beratung auch die richtige Ausstattung mit Garantie und Gewährleistung sowie vollem Service erhalten. Gesunde Fische und eine große Auswahl an Wasserpflanzen finden Sie ebenfalls nur beim Spezialisten, dem Zoofachhändler.

Als Entscheidungshilfe im Gespräch mit dem Fachmann Ihres Vertrauens und zum ständigen Nachschlagen kann Ihnen dieses Buch gute Dienste leisten.

Ein Wort zu den sogenannten guten »Gelegenheiten« und »gebrauchten« Aquarien: Seien Sie hier berechtigtermaßen sehr kritisch und mißtrauisch, denn fehlerhaft gebaute Aquarien ohne Garantie, mit schlechter Technik oder veralteter Ausstattung könnten den Vorbesitzer zur Aufgabe seines Hobbys veranlaßt haben. Auch das billigste Angebot bei der Neuanschaffung ist ganz bestimmt nicht immer das beste.

Gehen Sie auf Nummer Sicher von Anfang an, dann haben Sie garantiert mehr Freude am Aquarium!

Warm oder kalt, Süß- oder Seewasser?

Aquarientypen Ein Aquarium, in welchem man Goldfische aller Art oder einheimische Fische und Pflanzen bei Temperaturen von 15–21 °C pflegen kann, wird als Kaltwasseraquarium bezeichnet.

Möchte man dagegen Fische und Pflanzen aus tropischen und subtropischen Gebieten pflegen, so muß man für artgerechte Temperaturen über 23 °C sorgen. Diesen Aquarientyp nennt man Warmwasseraquarium.

Fische, Niedere Tiere und Pflanzen aus den kalten und warmen Meeren pflegt man bei entsprechenden Temperaturen und richtiger Salzkonzentration im sogenannten Seewasseraquarium.

Eine Möglichkeit, Fische aus Deltabiotopen (Flußmündungsgebieten) mit Mischwasser zu pflegen, bietet das Brackwasseraquarium (halb Süß-, halb Seewasser).

Eng mit der Aquaristik verbunden ist die richtige Pflege von Fischen und Pflanzen im Garten-, Balkon- oder Zimmerteich. Die Ansprüche dieser Lebewesen an Wasser, Futter und Umweltbedingungen kommen den Anforderungen an das Kaltwasseraquarium sehr nahe.

Welches Aquarium ist richtig?

Wählen Sie Ihr Aquarium so groß wie nur eben möglich. Die Erfahrung hat gezeigt, daß größere Aquarien (ab 60 cm Länge) nicht nur attraktiver, sondern auch biologisch/chemisch stabiler und somit einfacher zu warten und pflegeleichter sind. Außerdem lassen größere Becken eine noch schönere Dekoration und reichere Fischauswahl zu.

Urgroßmutters runde Goldfischglocke ist passé! **Goldfischglocke**
Aus Unkenntnis wurde den Fischen zugemutet, in einem völlig unzureichenden, sauerstoffarmen Lebensraum qualvoll dahinzuvegetieren. Zu oft mußte durch ein schnelles Veralgen und Verschmutzen des Glases ein Totalwasserwechsel mit dem damit verbundenen Kälteschock für die Fische durchgeführt werden. Diese Art von Aquaristik ist weder für den Pfleger noch für die Fische eine erfreuliche Angelegenheit!

Moderne Technik macht es möglich, daß der Zoofachhandel formschöne, sichere Aquarien mit Garantie, TÜV- und GS-Zeichen versehen anbieten kann.

Aquarien mit korrosionsfesten Zierrahmen oder rahmenlos gibt es in **Bautypen** verschiedenem Design und passend für jeden Wohnstil. Dies gilt auch für Aquarienmöbel, Schränke und Gestelle.

Die idealen Längenmaße sind: 50 cm, 60 cm, 70 cm, 80 cm, 100 cm, **Ideale Maße** 130 cm und 160 cm. Für diese Typen gibt es im Zoofachhandel die passenden pflanzenfreundlichen Spezialleuchtstoffröhren.

Je tiefer (breiter) ein Aquarium ist, um so schöner wirkt die Dekoration auf den Betrachter. Die Höhe des Behälters beeinflußt die Glasstärke (je höher das Aquarium, um so dicker müssen die Scheiben sein). Außerdem benötigt man mit zunehmender Höhe mehr Licht. Wenn Sie sich besonders große Fische als Pfleglinge wünschen, kann Ihr Zoofachhändler sicherlich auch ein größeres Aquarium nach Ihren Wünschen anfertigen lassen.

Der beste Stellplatz

Nahezu jeder Wohnraum kann durch ein Aquarium noch wohnlicher gemacht werden.

Für die Aufstellung nicht geeignet sind sogenannte Fensterplätze. Die direkte Sonneneinstrahlung führt mit Sicherheit zu Temperaturerhöhungen und unerwünschter Algenbildung. Auch Wassertrübungen können dadurch auftreten.

Um Temperaturschwankungen zu vermeiden, sollte man das Aquarium auch nicht in Heizkörpernähe aufstellen. Gut geeignet sind fensterlose Wände oder Ecken einer Wohnung. Ideal steht das Aquarium gegenüber einer Sitzecke oder direkt in sie integriert.

Kleinere Becken finden ihren Platz leicht auf Schreibtischen, Konsolen, Wandregalen oder auch in einer Schrankwand. Wer viel Platz hat, wird sehr schnell das Aquarium als idealen Raumteiler entdecken. Auch direkt in eine Wand eingebaut, vermittelt es Ruhe, Beschaulichkeit und die Romantik der Tropen; es wird damit automatisch zum lebendigen, leuchtenden Blickpunkt der Wohnung. Ein bisher ungenützter Platz ist gerade richtig, um »Leben« in den Raum zu bringen.

Bodenbelastbarkeit Zu beachten ist die Belastbarkeit des Fußbodens oder des Mauerwerks, auf dem die Last des Beckens ruht. Das Gewicht eines Aquariums läßt sich leicht ermitteln. 1 Liter Wasser wiegt 1 kg. Hinzu rechnet man noch das Gewicht des Aquariums und des Unterschrankes bzw. Gestelles. Das spezifische Gewicht des Bodengrundes und des Dekorationsmaterials liegt nur unwesentlich höher als das des Wassers, deshalb kann man davon ausgehen, daß ein 100 Liter fassendes Aquarium mit Inhalt ca. 115 kg wiegt.

Die Bodenbelastbarkeit von Holzböden in Altbauten beträgt in der Regel 150 kg/m^2 und bei Neubauten (Estrich auf Beton) ca. 450–500 kg/m^2. Diese Werte können Sie auch bei Ihrem Vermieter oder Architekten erfragen. Keine Angst vor dem Gewicht, denn ein gut gefüllter Bücherschrank wiegt meist mehr als ein Aquarium mit normalen Dimensionen.

Aquarium und Mietvertrag Übrigens – die Haltung von Zierfischen in einer Mietwohnung ist nach dem deutschen Einheits-Mietvertrag ausdrücklich erlaubt. Wohnt man zur Miete oder Untermiete, so kann man sich mit einem Zusatz zur normalen Haftpflichtversicherung auch gegen Schäden aus dem Betrieb eines Aquariums gegen Dritte ohne Aufpreis versichern lassen!

Einrichtung und Inbetriebnahme

Das Aquarium wird aufgestellt

Hat man sich für den endgültigen Standort des Aquariums entschieden, wird der Schrank, das Gestell oder die Trägerkonstruktion auf ihren unverrückbaren und ebenen Stand hin überprüft. Mit einer Wasserwaage werden Unebenheiten schnell erkannt und können mit »Unterlegern« aus Metall ausgeglichen werden. Bei weichem Estrich oder empfindlichen Teppichböden empfiehlt es sich in jedem Fall, mit diesen Untersetzern zu arbeiten.

Stromanschlüsse Unmittelbar am Standort des Aquariums wird für ausreichenden Stromanschluß gesorgt. Drei Anschlüsse reichen meist für Filter, Heizung und Licht aus.

Damit das Aquarium sicher, erschütterungsfrei und bodenisoliert steht, sollte man eine Styroporplatte von 0,5 bis 1 cm Stärke mit den Maßen der Aquarienbodenfläche als Unterlage für das Becken verwenden. Filz und Schaumstoff sind ungeeignet. Sie verändern sich in der Form und saugen Nässe auf.

Vor dem Aufstellen wird das Aquarium innen und außen mit warmem Wasser gesäubert (keine Spülmittel verwenden), gut abgetrocknet und nach dem Aufstellen wiederum mit der Wasserwaage ausgerichtet.

Schön gestaltete Rückwände

Der Blick durch das Becken auf eine noch so schöne und teure Tapete wird das Gesamtbild des Aquariums ganz sicher nur stören.

Eine Aquarienrückwand vermittelt dem Betrachter das Gefühl größerer Tiefe und läßt die Dekoration erst zum optischen Blickfang werden.

Schöne Rückwände

Der Zoofachhandel hat hübsche Fotorückwände mit unterschiedlichen Motiven und auch tiefgezogene Plastikrückwände in seinem Angebot, für jeden Geschmack und in allen Größen.

Glatte Korkrindenstücke, auf einen Rahmen montiert, sehen hinter dem Aquarium ebenfalls sehr attraktiv aus. Eine Korkrückwand *im* Aquarium bringt durch ihren Auftrieb und die Abgabe von Gerbstoffen in das Wasser einige Probleme mit sich. Geschickten Bastlern gelingt es aber sicherlich, auch Korkeiche im Aquarium zu stabilisieren. Gegen die Gerbsäure kann man sich mit mehrmaligem Wasserwechsel oder mit dem Einsatz von Filterkohle helfen.

Andere Aquarianer gestalten die Rückwand mit natürlichen Elementen wie Steinplatten und geeignetem Holz (Moorkienholz oder rustikale Wurzelstücke). Ist der richtige Platz gefunden, muß für einen sicheren Stand der Dekoelemente gesorgt werden. Jegliche schwere Dekoration muß durch Unterlegen von genügend großen Styroporstücken vor dem Unterwühltwerden, Umfallen und Verschieben gesichert werden.

Dekoration sichern

Steht das Aquarium in einem kühleren Raum, so werden die beiden Seitenwände aus Gründen der Wärmeisolierung (Stromersparnis) mit einer Styroporplatte isoliert, die mit einer Fotorückwand beklebt werden kann.

Wie auch immer Sie sich entscheiden – die Rück- und Seitenwände sollten nie zu unruhig wirken.

Aquarien, die als Raumteiler eingesetzt werden, sind von beiden Seiten einzusehen. Deshalb wird in der Mitte des Aquariums die Dekoration mit Pflanzen, Wurzeln und Steinen so eingebracht, daß sie nach allen Seiten hin gleich dekorativ wirkt (indirekte Rückwand).

Einrichten und Dekorieren

Erstrebt man ein Aquarium mit gutem Pflanzenwuchs, so muß der Bodengrund kalkfrei sein. Die Körnung sollte 3 bis 5 mm betragen und weder scharfkantig noch zu hell sein, sonst fühlen die Fische sich nicht wohl.

Der Aquarienkies wird sauber gewaschen. Die halbe Kiesmenge wird mit einem eisenhaltigen Langzeit-Bodendünger vermischt und ins Aquarium gegeben. Der restliche Kies wird gleichmäßig darüber verteilt.

Jedem Aquarianer ergeht es gleich – die meiste Freude bereiten das Einrichten und Gestalten des Aquariums. Hier sollten Sie Ihrer Phantasie freien Lauf lassen. Eine Dekorationsskizze erleichtert Ihnen den Kauf von geeignetem Material.

Aber wie soll man ein Aquarium gestalten? Kann ein natürlicher Biotop nachempfunden werden? Wer je natürliche Biotope gesehen hat, der wird ganz schnell erkennen, daß man kaum alle Gegebenheiten des Original-Lebensraumes einer oder mehrerer Fischarten auf den engen Raum eines Aquariums übertragen kann.

Dennoch kann man die Erkenntnisse aus Naturbeobachtungen nutzbringend anwenden. Gleich aus welchen Ländern die Fische stammen, sie verhalten sich meist ähnlich. Die einen bevorzugen Verstecke zwischen Steinen und Wurzeln und suchen auch ihre Nahrung in diesem Bereich. Andere Arten halten sich zwischen Pflanzen und Wurzeln auf. Wieder andere lieben es, sich im freien Wasser zu tummeln. *Ein* Gemeinsames haben aber alle Fische: Bei einer vermeintlichen Gefahr suchen sie sofort nach einer guten Deckung.

Wir richten unser Aquarium also mit Steinen, Wurzeln, Pflanzen, mit Höhlen und Versteckplätzen ein und vergessen dabei auf keinen Fall, einen freien Schwimmraum zu belassen.

Links: Zuerst wird die halbe Kiesmenge mit Bodendünger vermischt und ins Aquarium gegeben. Der restliche Kies wird gleichmäßig darüber verteilt.

Rechts: Bevor das Wasser eingelassen wird, werden die technischen Geräte installiert.

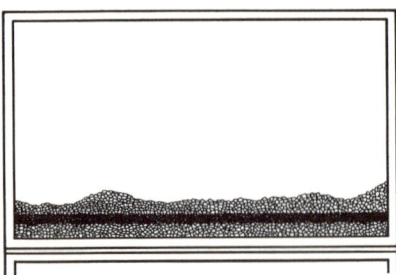

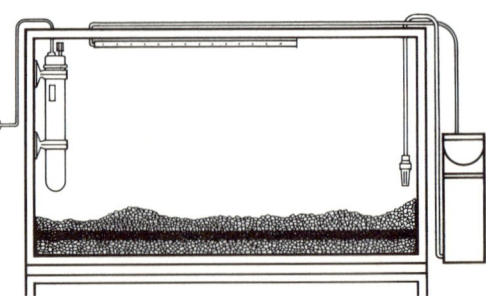

Geeignet sind Basalt, Granit, Lava, Schiefer und Steinholz. Andere Gesteinsarten sollen keinen Kalk und keine mineralischen Einschlüsse enthalten. Wollen Sie sichergehen, daß das Gestein kalkfrei ist, so können Sie 10–20%ige Salzsäure (Vorsicht!) auf das Gestein tropfen. Schäumt der Stein, so enthält er Kalk und ist nicht fürs Aquarium geeignet.

Geeignetes Dekorationsmaterial

Mooreiche, Wurzeln oder Korkrinde finden ebenfalls gern Verwendung. Frisches Holz aus dem Wald ist völlig ungeeignet – es fault und hat zuviel Auftrieb.

Jegliches Dekorationsmaterial muß vor dem Einbringen in das Aquarium gut gesäubert werden. Holz und Korkrinde färben und säuern das Wasser sehr stark an, deshalb sollte man diese Teile einige Tage vorwässern.

Der Start

Bevor man Wasser in das Aquarium einfüllt, werden die technischen Geräte installiert. Nähere Einzelheiten hierzu erfahren Sie im nächsten Kapitel.

Beim Einfüllen des Wassers muß darauf geachtet werden, daß weder der Bodengrund noch die Pflanzen hochgewirbelt werden. Am besten läßt man das Wasser durch ein Sieb oder einen Gießkannenzerstäuber zulaufen.

Links: Das Wasser wird so eingelassen, daß weder Bodengrund noch Pflanzen hochgewirbelt werden.

Zur Erstfüllung muß temperiertes Wasser verwendet werden. Grundsätzlich sollte man vor der Erstfüllung und auch vor weiteren Füllungen das Wasser ca. 5 Minuten aus der Leitung ablaufen lassen, damit so wenig wie möglich vom unbrauchbaren Rohrstandwasser ins Aquarium gelangt.

Rechts: Zum Schluß wird das Aquarium endgültig bepflanzt, dekoriert und mit Wasser gefüllt.

Der regelmäßige Teilwasserwechsel kann mit kaltem Wasser durch-

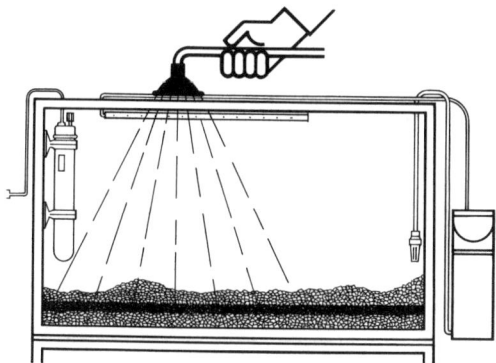

Teilwasserwechsel geführt werden. Es ist falsch, wenn nur verdunstetes Wasser nachgefüllt wird. Sowohl die Härte als auch der Schadstoffgehalt erhöhen sich langsam aber sicher, und schnell treten Schäden an den Pfleglingen auf.

Nach dem Einschalten des Heizers, des Filters und des Lichtes muß die Funktion der einzelnen Geräte überprüft werden. Beleuchtet wird von Anfang an 12 bis 13 Stunden täglich.

Im Tropenaquarium darf die Wassertemperatur nicht unter 23 °C fallen. Deshalb in der Anlaufphase regelmäßig mit dem Thermometer die Temperatur kontrollieren!

Notwendige Technik und etwas Chemie

Die Wassertemperatur

Temperaturansprüche Will man einheimische oder Gold- und Gartenteichfische im Aquarium pflegen, so benötigt man keine Heizung. Bei Zimmertemperaturen von 17–21 °C fühlen sich diese Fischarten am wohlsten.

Bei einigen Goldfischarten (Schleierschwänze und ihre Zuchtformen), die aus Hongkong, Singapore und Thailand stammen, empfiehlt es sich bereits, mittels Aquarienheizer für wohltemperiertes Aquarienwasser von 20–22 °C zu sorgen.

Fische tropischer Herkunft benötigen in jedem Fall Wassertemperaturen von 24–26 °C (Durchschnittswerte), um gesund und munter zu bleiben. Einige Fischarten, z. B. Diskusfische, benötigen jedoch Temperaturen, welche bei etwa 30 °C liegen sollten.

Die geforderten Temperaturen lassen sich mit den im Zoofachhandel angebotenen Heizsystemen jederzeit erreichen und auch konstant halten.

Regelheizer und die Wattstärke Das meistverwendete Gerät ist der thermostatgesteuerte Regelheizer in Stabform.

Bei der Verwendung dieses Gerätetyps wählt man Wattstärken, welche sich nach dem Beckenvolumen richten. Sind Zimmertemperaturen um 20 °C oder darüber die Regel, so wird ½ Watt Heizleistung je Liter Aquarienwasser empfohlen, für ein 100-Liter-Aquarium demzufolge ein 50-Watt-Heizer.

Bei Raumtemperaturen, die um 15–20 °C liegen, verwendet man einen Regelheizer von 0,75 Watt je Liter. Werden Temperaturen über 26 °C auf Dauer verlangt, so kann man 1 Watt Heizstärke pro Liter Wasser empfehlen.

Die Heizstäbe sind nach Gebrauchsanweisung anzubringen. Auf keinen Fall sollte man sie mit Kies bedecken oder mit Dekorationsmaterial belasten. Dies würde zum sicheren Bruch des Gerätes führen. Beim Wasserwechsel (ganz oder teilweise) immer den Netzstecker herausziehen!

Heizstäbe ohne Regler sind ungeeignet, weil das Wasser entweder zu warm oder zu kalt wird. **Heizstäbe ohne Regler**

Beim Einsatz von Heizstäben kann es zu unerwünschten Temperaturdifferenzen zwischen dem Bodengrund und den verschiedenen Wasserzonen kommen. Manche Wasserpflanzen reagieren darauf mit Wachstumsstörungen. Deshalb werden im Zoofachhandel Heizsysteme angeboten, welche den Bodengrund mit in den Warmwasserkreislauf einbeziehen. Diese Kombi-Heizsysteme bestehen aus elektronisch gesteuerten Reglergeräten und Heizkabeln.

Diese Geräte sind zweckmäßiger, genauer und auch sicherer. Wasser- und Bodentemperatur sind geringfügig unterschiedlich, so daß durch die Thermik eine leichte Wasserzirkulation entsteht, die die Wasserpflanzen mit frischem Wasser, CO_2 und Nährstoffen versorgt. Dieser Vorteil rechtfertigt, vornehmlich bei größeren Aquarien, den höheren Preis. Außerdem sind Kombi-Heizsysteme sicherer. **Heizkabel**

Beim Einsatz von Heizkabeln ist darauf zu achten, daß der Bodengrund durchlässig bleibt. Bei Torfplatten und feinem Sand als Bodengrundmischung entsteht ein Wärmestau, welcher nicht nur das Heizsystem wirkungslos werden läßt, sondern auch zum Bruch der Bodenscheibe führen kann.

Eine gute Sache sind auch die sogenannten Thermofilter mit integrierter Heizung. **Thermofilter mit Heizung**

Gleich für welches System Sie sich entscheiden – die Geräte müssen so angebracht werden, daß sie jederzeit problemlos auf ihre Funktion hin überprüft werden können.

Die Temperatur des Aquarienwassers richtet sich immer nach den Lebensansprüchen der Pfleglinge. Im Kaltwasseraquarium sollte die Temperatur 24 °C nicht übersteigen. Für das Warmwasseraquarium wählt man eine durchschnittliche Wassertemperatur von 24–26 °C. Steigen die Temperaturen zum Beispiel im Hochsommer über 30 °C, so zeigen einige Fische Unbehagen. Andere Arten, z. B. Diskusfische oder Labyrinthfische, vertragen Temperaturen bis 34 °C problemlos. **Temperaturmessung**

Je höher die Wassertemperatur im Aquarium steigt, um so weniger Sauerstoff ist im Wasser für die Fische und andere Organismen verfügbar, weil kaltes Wasser mehr Sauerstoff binden kann als warmes. **Temperatur und Sauerstoff**

Im Zoofachhandel erhält man Spezialaquarienthermometer, welche meist nur eine Abweichung von 1 °C zulassen. Quecksilberthermometer sind ungeeignet, denn bei einem Zerbrechen des Thermometers gelangt giftiges Quecksilber ins Wasser. **Thermometer**

Flüssigkristallthermometer werden außen am Aquarium angebracht. Sie haben aber den Nachteil, daß sie auch die Raumtemperatur in das Meßergebnis mit einbeziehen. Als zweckmäßig hat sich die Kombination von Bodensteckthermometer und fixierbarem Schwimmthermometer erwiesen.

Die Filterung

Sauberes Wasser

Der verständliche Wunsch eines jeden Aquarianers ist es, ein Aquarium mit optisch klarem, sauberem Wasser zu besitzen.
Deshalb stellt sich die Frage: Wie kann dieser wünschenswerte Zustand erreicht werden? Wie kann man das Problem der Wasserverschmutzung und des Sauerstoffmangels im Aquarium sinnvoll lösen? Soll man filtern, durchlüften oder beides zusammen?
Ein Filter gehört heute zur selbstverständlichen Ausrüstung des Aquarianers. Er ist zur optisch-physikalischen Wasserklärung, aber auch für eine biologisch-chemische Veränderung bzw. Wasseraufbereitung nötig.

Filter und Sauerstoffversorgung

Die Sauerstoffversorgung im Aquarium ist außerordentlich wichtig. Ohne Sauerstoff ist nicht nur menschliches, sondern auch tierisches und pflanzliches Leben unmöglich. Filterung und Sauerstoffversorgung hängen unmittelbar zusammen. Im Aquarium sind das Wachstum, die Vitalität, die Gesundheit aller Individuen sauerstoffabhängig, und deshalb sind die Sauerstoffwerte von elementarer Bedeutung.
Der biologische Abbau von Schadstoffen ist ebenfalls sauerstoffabhängig. Der Wasserchemismus und die Qualität des Bodengrundes werden von der vorhandenen Sauerstoffmenge bestimmt. Die Verfügbarkeit von Mikronährstoffen für Wasserpflanzen, wie z.B. Spurenelemente (Eisen, Mangan etc.), wird ebenfalls vom Sauerstoff beeinflußt.

Sauerstoffmangel

Eine Sauerstoffunterversorgung (O_2-Zehrung) kann im Aquarium auftreten durch

● Fischatmung (Überbesatz),
● Abbau von organischem Material (Futterreste, Kot und abgestorbene Lebewesen),
● sauerstoffzehrende chemische Stoffe wie Heilmittel und andere Zusätze,
● Sauerstoffaufnahme der Fische und Pflanzen während der Nacht,
● Mikroorganismen bei der Nitrifizierung und
● Oxidationsvorgänge im Filter und im Bodengrund.

Aus den genannten Gründen genügt es nicht, das Wasser nur optisch rein zu halten, sondern es muß auch für ausreichenden Sauerstoff gesorgt werden. Moderne Filtersysteme helfen uns sehr gut, diese Problematik zu meistern. Die Anforderungen an die Leistung eines Filters sind mit den modernen Erkenntnissen über die Funktionalität

Filtervolumen

eines Aquariums gestiegen. Die Größe des Filters (das Filtervolumen) ist dabei sowohl vom Fisch- und Pflanzenbesatz als auch von der Beckengröße abhängig.

Welcher Filter oder welches System für Sie das richtige ist, ist ebenfalls vom Fischbesatz und der zu reinigenden Wassermenge abhängig. Als Faustregel wird empfohlen: Filterleistung und Filtervolumen sind so zu wählen, daß stündlich mindestens 80 % des Aquarienwassers umgewälzt wird. Ihr Zoofachhändler wird Sie auch hier optimal beraten. **Das richtige Filtersystem**

Zuchtbecken und Aquarien bis zu 80 Liter Inhalt kann man gut mit den luftbetriebenen Schaumstoff-Innenfiltern mechanisch und auch biologisch filtern. Sie klären das Wasser, indem sie Mulm und Schmutzteilchen binden. Durch die im Schaumstoff in großer Menge siedelnden nützlichen Bakterienkolonien werden Schadstoffe abgebaut. Durch die Sogwirkung und Wasseroberflächenbewegung kommt es zu einer guten Wärmeverteilung und zu einem guten Gasaustausch. **Schaumstoff-Innenfilter**

Als luftbetriebene Innenfilter werden leider noch hin und wieder kleine Plastikbehälter mit einem viel zu kurzen Auslaufrohr angeboten. Diese Geräte sind für jegliche Aquarien allerdings völlig ungeeignet.

Von überzeugender Leistung, guter Bedienung, geräuschloser, modernster Technik, schönem Design und geringem Stromverbrauch sind die motorbetriebenen Innen- und Außenfilter für Aquarien von 50 Litern an aufwärts. Mit diesen modernen Filtern gelingt es sehr gut, das Wasser optisch klar zu halten und auch noch optimal aufzubereiten. Wechselweise kann bei diesen Filtern verschiedenes Filtermaterial eingesetzt werden. **Motor-Innen- und -Außenfilter**

Mechanisch wirkende Filtermassen sind Filterwatte, verschiedenes Vorfiltermaterial, sog. Tropfkörper und Tonröhrchen. Sie halten feine und grobe Schmutz- und Schwebeteilchen fest. Das gleiche gilt für Spezialschaumstoffe. Gelöste Stoffe passieren aber dieses Filtermaterial und können weiter das Wasser belasten. Deshalb muß zur mechanischen Filterung noch die biologisch/chemische und bakterielle Wasseraufbereitung kommen. **Mechanische Filtermassen**

Unter einer biologisch/bakteriellen Filterung versteht man eine Hilfestellung aerober Bakterien beim Schadstoff- und Stickstoffabbau. Durch die günstige Struktur des Filtermaterials können sich im und auf dem Schaumstoff, dem Tropfkörper, den Tonröhrchen oder anderen Langzeit-Filtermaterialien Bakterien gut festsetzen, vermehren und das Wasser positiv beeinflussen. **Biologisch/ bakteriell wirkende Filtermassen**

Verschmutztes Feinfiltermaterial (z.B. Filterwatte) muß man regelmäßig austauschen. Nie alles zugleich entfernen, sondern wechselweise austauschen, damit ein Teil der nützlichen Bakterien erhalten bleibt!

Chemische Filtermassen können dem Wasser auch mechanisch Schmutz und Schwebeteilchen in fester Form entnehmen. Der Zweck ihres Einsatzes besteht aber darin, Wasser in seinem Chemis- **Chemische Filtermassen** mus zu verändern. So werden z. B. Austauscherharze zur Wasserenthärtung und zum Stickstoffabbau eingesetzt.

Filtertorf Filtertorf filtert mechanisch und chemisch. Hauptsächlich wird guter Torf zum Absenken der Karbonathärte und zum Ansäuern des Wassers verwendet. Die im Filtertorf enthaltenen Humin- und Gerbsäuren beeinflussen das Aquarienwasser positiv. Den Filtertorf darf man aber nur so lange im Filter lassen, bis die gewünschten Wasserwerte erreicht sind!

Werden chemische Filtermassen eingesetzt, so muß das Aquarienwasser fortwährend überwacht werden, damit man unerwünschte Reaktionen sofort erkennen kann. Die dazu benötigten Meßreagenzien sind in jedem guten Zoofachgeschäft erhältlich.

Filterkohle Eine spezielle Filterung über Aquarienkohle ist immer dann angebracht, wenn medikamentöse Rückstände, ein starker Gelbstich oder Trübungen aus dem Wasser entfernt werden sollen. Nach dem erfolgreichen Abschluß einer Algen- oder Parasitenbehandlung sollte man grundsätzlich Aquarienkohle einsetzen.

Farbstoffe von Medikamenten, zuviel Humin- und Gerbstoffe sowie mancherlei Trübungen werden mühelos von der Aktivkohle absorbiert. Die genannten Stoffe werden aber nur kurzfristig gebunden. Deshalb ist die Filterkohle spätestens nach 36 Stunden wieder aus dem Filterkreislauf zu entfernen.

Motorschnellfilter (Kreiselpumpen) Motorbetriebene Schnellfilter setzt man in Spezialaquarien (z.B. Seewasser) und überall dort ein, wo eine besonders starke Wasserbewegung erwünscht oder notwendig ist. Diese Geräte zeichnen sich durch eine hohe Förderleistung, niedrigen Stromverbrauch und gute Handhabung aus. Sie eignen sich nicht nur zur Schnellreinigung, sondern auch als Notaggregat und zum Betreiben großvolumiger Bio- und Außenfilter.

Alle Filtersysteme benötigen, um das Wasser wie erwünscht aufbereiten zu können, Einlaufzeiten von 1 bis 2 Wochen. Deshalb gibt es im Zoofachhandel Präparate, welche die Aktivierung beschleunigen und den Filter sofort wirkungsvoll arbeiten lassen.

Durchlüften ja oder nein? Ob und wann es sinnvoll ist, zusätzlich zum Filter auch noch eine Durchlüftung (Pumpe und Ausströmerstein) zu installieren, wird durch die vorgenannten Kriterien und natürlich auch vom Rhythmus der Wartungshäufigkeit bestimmt.

In einem funktionierenden, gut bepflanzten und mäßig mit Fischen besetzten Aquarium kommt man während des Tages gut ohne Ausströmer aus. Wird dem Aquarium CO_2 zugeführt, sollte tagsüber auf eine Durchlüftung verzichtet werden. Nachts kann es nötig werden, für eine Durchlüftung zu sorgen, weil dann die Pflanzen kein CO_2 verbrauchen. Mit dem Ausströmer wird dann Kohlensäure aus dem Wasser ausgetrieben und Sauerstoff (O_2) mit der Luft zugeführt.

Diesen Vorgang kann man gut mit der Aquarienbeleuchtung über eine Schaltuhr steuern. Mit dem automatischen Ausschalten der Be-

*Oben: Ein Fisch-
und Pflanzenbiotop
in Südamerika: die
Wasserfälle des
Iguaçu.*

*Unten:
Ein typischer
thailändischer
Pflanzenbiotop.*

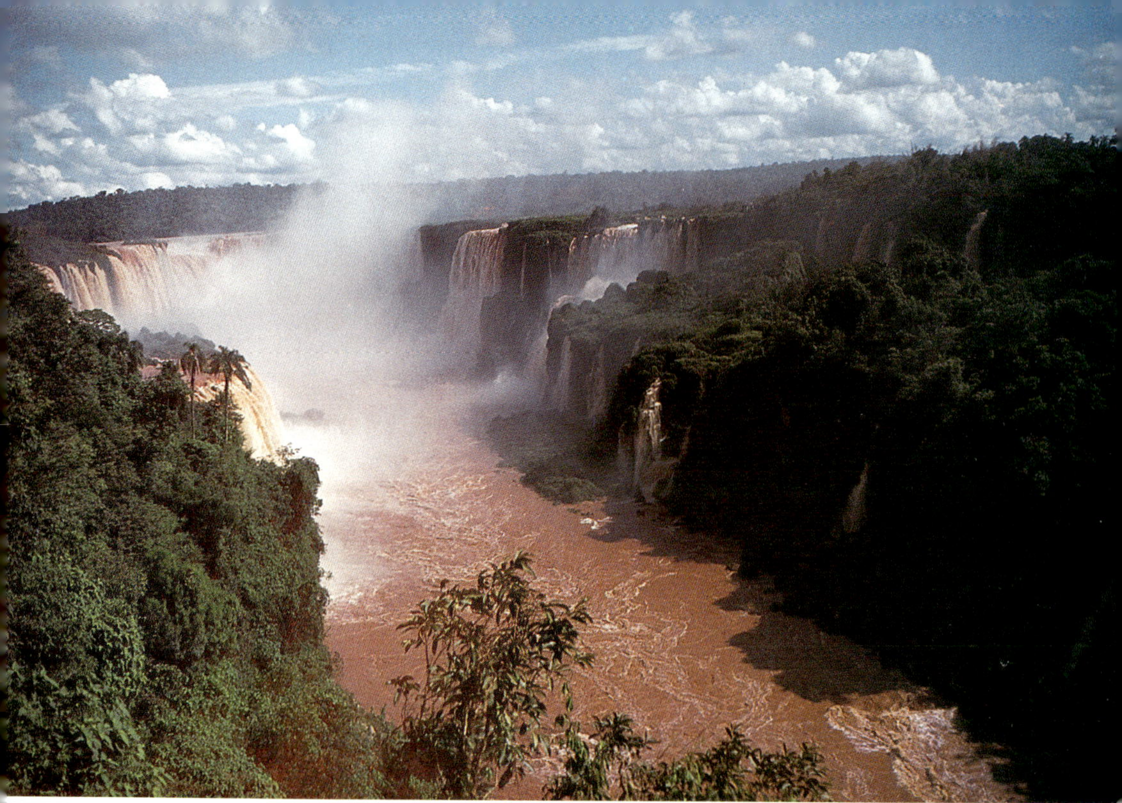

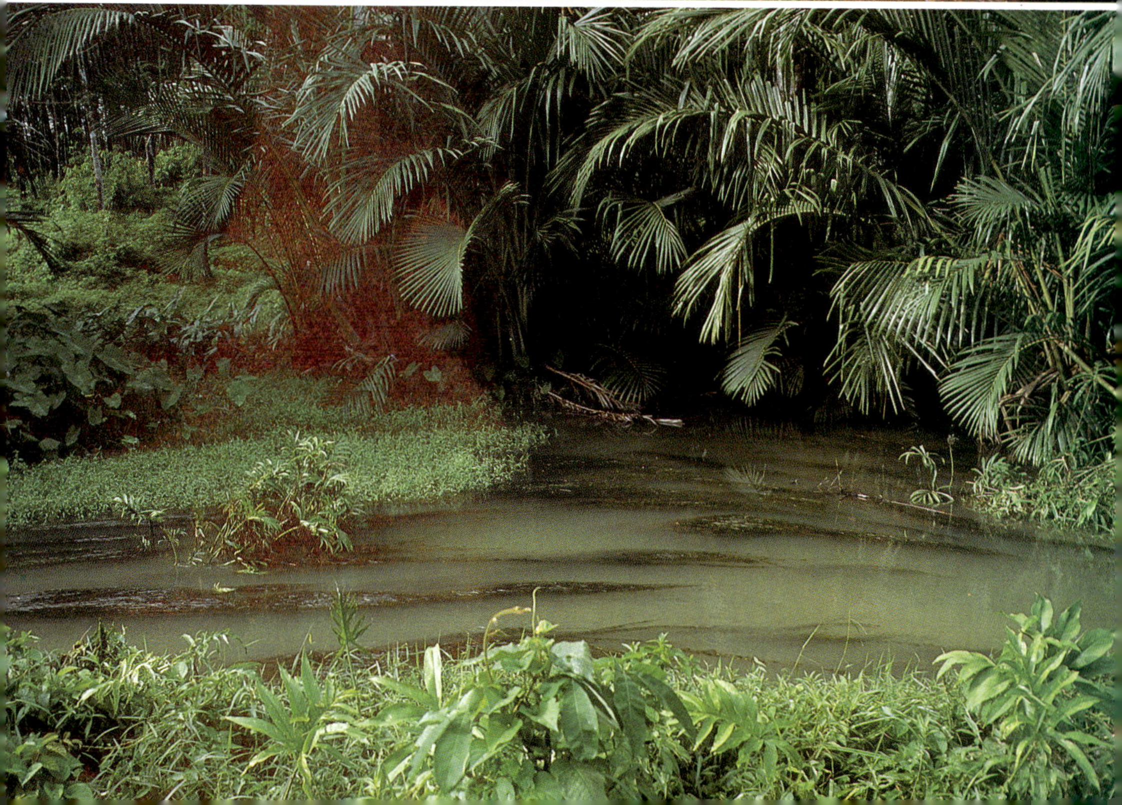

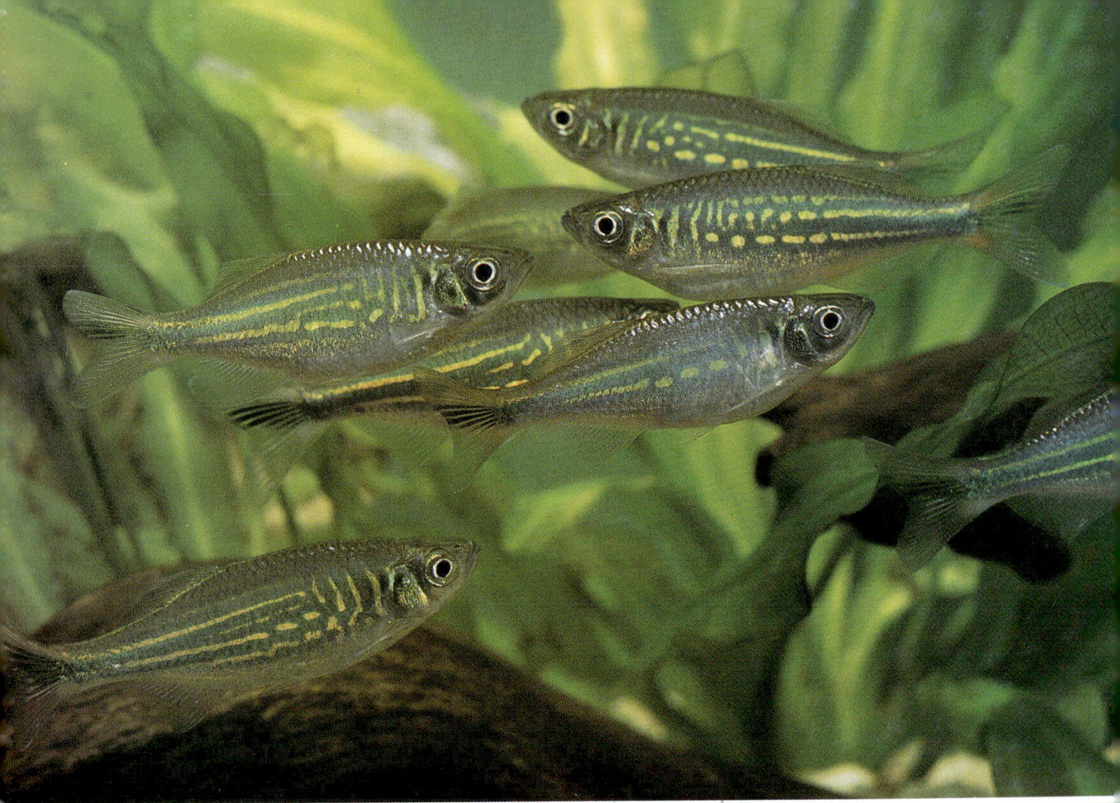

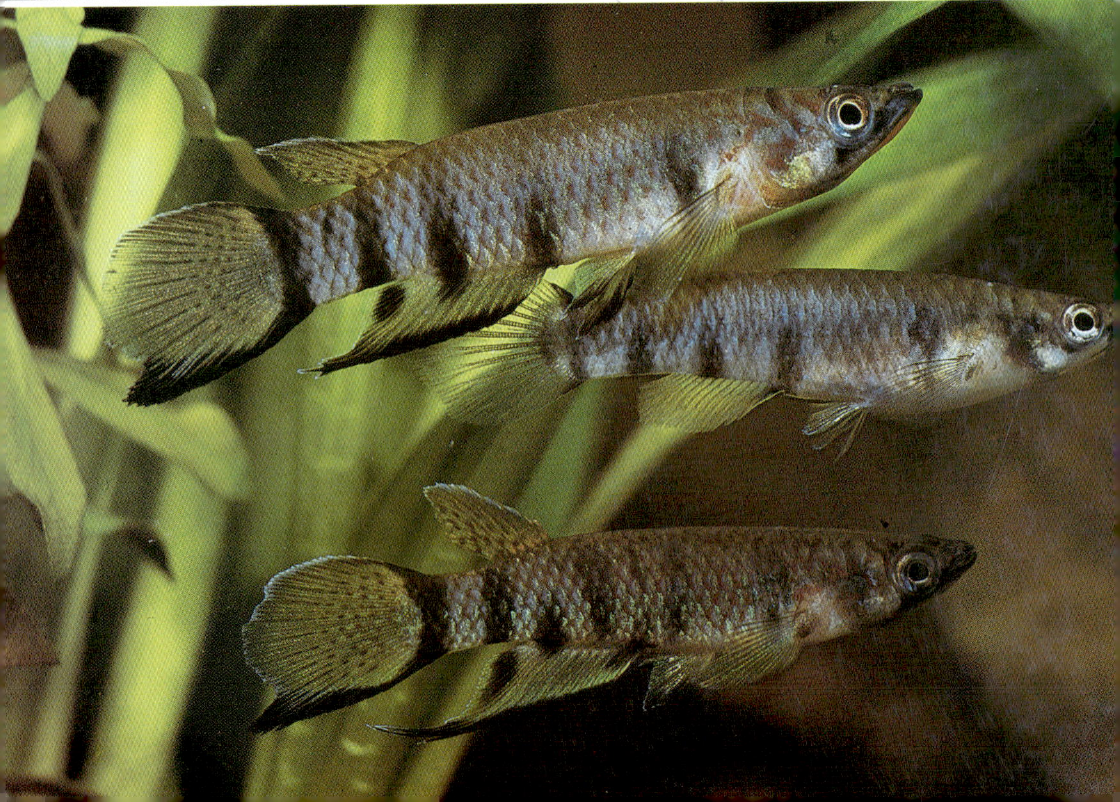

leuchtung wird die Durchlüfterpumpe zugeschaltet. Am nächsten Morgen läuft der Vorgang entgegengesetzt ab.

Die Durchlüfterpumpe muß oberhalb des Wasserspiegelniveaus installiert oder mit einem Rückschlagventil ausgerüstet werden, damit evtl. zurücklaufendes Wasser keinen Schaden anrichten kann. Gute Durchlüfterpumpen gibt es mit unterschiedlicher Luftleistung für alle luftbetriebenen Filtersysteme, Mulmsauger und den gleichzeitigen Betrieb mehrerer Ausströmer. Artemia-Zuchtgeräte können ebenfalls in den Luftkreislauf integriert werden.

Unentbehrlich für jedes Aquarium ist die richtige Beleuchtung – um sich an der Farbenpracht und der Schönheit der Fische zu erfreuen und als notwendige Voraussetzung zur erfolgreichen Pflanzenpflege. Da heutzutage die Notwendigkeit einer guten Aquarienbeleuchtung für einen zufriedenstellenden Pflanzenwuchs bekannt ist, wird dieses Thema im folgenden Kapitel »Wasserpflanzen – der Urwald hinter Glas« ausführlich abgehandelt. **Aquarien- beleuchtung**

Für die ständige Wartung des Aquariums braucht man einige Geräte. Es handelt sich hierbei im einzelnen um Fangnetze, Schlauch für den Wasserwechsel, Mulmglocke, Scheibenreiniger (Magnet), Pflanzenzange. Bei der Auswahl der richtigen Geräte berät Sie Ihr Zoofachhändler gerne. **Nützliche Geräte**

Wasserpflanzen – der Urwald hinter Glas

Gut bepflanzte Aquarien, in welchen sich lebhafte und gesunde Fische tummeln, faszinieren und ziehen viele Menschen beinahe magisch an. Solche Aquarien zeichnen sich nicht nur durch ihre Schönheit aus, sondern sie funktionieren auch besser als andere. Wasserpflanzen bedeuten mehr als nur herrliche Dekoration. Sie erfüllen vielfältige Aufgaben: **Biologische Aufgaben der Wasserpflanzen**

- Wasserpflanzen reduzieren schädliche Stickstoffverbindungen,
- sie produzieren lebensnotwendigen Sauerstoff für Fische, Pflanzen und Mikroorganismen,
- sie stabilisieren das Milieu im Aquarium und wirken biologisch äußerst wertvoll,
- verschiedene Pflanzen haben eine entgiftende und entkeimende Wirkung, selbst Algen werden in Pflanzenbecken an ihrer Ausbreitung gehindert,
- sie dienen den Fischen als Nahrung, Versteck, Laichsubstrat und Reviergrenze.

Oben: Ein Schwarm Malabarkärpflinge (Danio aequipinnatus, Beschreibung Seite 42).

Unten: Querband- hechtlinge (Epiplatys dageti, Seite 44).

Richtig beleuchten

Wenn die Fische es zulassen, sollten Sie auf Wasserpflanzen im Aquarium nie verzichten. Ohne ausreichendes Licht ist ein üppiger Pflanzenwuchs im Aquarium nicht möglich. Mag man sich gegen diese wissenschaftlich bewiesene Tatsache auch wehren – der Erfolg oder Mißerfolg bei der Wasserpflanzenpflege wird jeden Aquarianer sehr schnell von der Richtigkeit dieser Erkenntnis überzeugen.

Tropische Lichtmengen können wir den Wasserpflanzen nicht bieten, aber mit den neuen Leuchtquellen aus dem Zoofachhandel gelingt es meist, sich seinen eigenen Urwald hinter Glas zu schaffen. Glühbirnen, die Lichtquellen früherer Zeiten, scheiden heute wegen zu hoher Energiekosten und auch zu großer Wärmeabgabe aus. Als zusätzliche Spotleuchten kann man sie, wenn besondere Lichteffekte erwünscht sind, mit Spezialreflektoren verwenden. Leuchtstoffröhren, HQI- und HQL-Lampen ersetzen jetzt im Aquarium den Tropentag.

Die Lampen

Leider sind die meisten Aquarien unterbelichtet. Wählen Sie nach Möglichkeit eine Abdeckung mit mehreren Leuchtstofflampen. Optimal beleuchtet sind Aquarien, wenn man folgende Regel zugrunde legt:

Pro Liter Wasserinhalt 0,4 bis 0,7 Watt oder, wenn diese Rechnung zu umständlich erscheint, pro 10 cm Wasserhöhe (die Bodengrundschicht wird abgezogen) eine Röhre, und zwar in voller Beckenlänge. Für ein Becken mit 100 cm Länge, 50 cm Tiefe und 40 cm Höhe (200 Liter) benötigt man also mindestens drei Röhren à 30 Watt.

Dabei kann man durch die Kombination unterschiedlicher Lichtfarben beste Wuchsbedingungen für die Pflanzen schaffen: Man kombiniert Kalttonlampen mit einem hohen Blauanteil (steuert das Breitenwachstum) mit Warmtonlampen mit hohem Rotanteil (für die Steuerung des Längenwachstums). Ist in der Abdeckung nur Platz für eine Röhre, so sollten Sie eine Warmtonröhre wählen.

Um die volle Lichtmenge auch zu nutzen, müssen die Abdeckscheiben immer sauber sein. In neueren Abdeckungen ist für eine gute Reflexion des Lichtes gesorgt. Bei alten Abdeckungen empfiehlt es sich, solche Reflektoren nachträglich einzubauen.

Röhrenwechsel und Beleuchtungsdauer

Lichtverluste treten durch zu stark gefärbtes Aquarienwasser (zu hoher Gerbstoffanteil) und durch das Nachlassen der Leuchtintensität der Röhren (bereits nach 6 bis 8 Monaten) auf. Sauberes Wasser, saubere Abdeckscheiben und ein regelmäßiger Röhrenwechsel (nach 8 bis 10 Monaten im Abstand von 3 Tagen die Röhren auswechseln) lassen die Pflanzen gut gedeihen.

Manche Aquarianer glauben, daß man fehlende Lampen durch eine längere Beleuchtungsdauer von 16 Stunden und mehr ausgleichen kann. Der Tropentag lehrt uns aber, die richtige Beleuchtungsdauer von 12 bis 13 Stunden täglich einzuhalten!

Aquarien ohne Deckscheiben erfreuen sich zunehmender Beliebtheit. In solchen Becken gelingt es Schwimm- und Sumpfpflanzen, aus dem Aquarium herauszuwachsen und auch zu blühen. Dies wird durch den Einsatz von HQI- und HQL-Lampen sowie anderen Spezialbeleuchtungen möglich gemacht. Für ein Becken von 100 cm Länge benötigt man 1 Beleuchtungselement mit 125 Watt oder 2 HQL-Lampen mit 80 Watt oder eine HQI-Lampe mit 150 Watt.

So pflegt man Wasserpflanzen

Damit die Wasserpflanzen üppig wachsen und gut gedeihen, muß man ihnen all das bieten, was ihnen in der Natur immer und in ausreichendem Maße zur Verfügung steht. Viel Licht, Nährstoffe, Spurenelemente, nahrhafter Bodengrund und CO_2 (Kohlendioxid) sind die Voraussetzungen für ein gesundes Pflanzenleben.

Was sie zum Wachsen brauchen

Fehlt auch nur eine dieser Komponenten oder treten Mängel bei der Versorgung auf, reagieren die Wasserpflanzen mit sichtbaren Wachstumsstörungen. Sie können nicht mehr richtig assimilieren, das heißt mit Lichtenergie aus Wasser und CO_2 organische Substanz (Pflanzenmasse) erzeugen. Bei diesem Prozeß wird von den Pflanzen aktiv Sauerstoff produziert. Ohne Licht, also nachts, werden die Wasserpflanzen selbst in geringem Maße zum Sauerstoffverbraucher. Bei optimalen Wachstumsbedingungen produzieren gesunde Pflanzen aber während des Tages weit mehr Sauerstoff, als sie nachts selbst wieder verbrauchen.

Viele der Wasserpflanzen entnehmen ihre Nähr- und Wuchsstoffe nicht nur mit den Blättern aus dem Wasser, sondern überwiegend mit den Wurzeln aus dem Bodengrund. Zu diesen Arten gehören die Amazonasschwertpflanzen, *Crinum* (Hakenlilien), *Aponogeton* (Wasserähren), *Cryptocorynen* (Wasserkelche) und alle Seerosenartigen, hauptsächlich also solche Arten, die an ihren Heimatstandorten wechselndem Wasserstand ausgesetzt sind. Man verwendet bei der Einrichtung deshalb einen stabilen Nährstoffträger, z. B. guten eisenhaltigen Bodengrunddünger. Diese Basisdüngung in Granulatform enthält alles, was die Wasserpflanzen schneller anwachsen läßt, die Wurzelbildung fördert und die Pflanzen von Grund auf richtig ernährt.

Bodengrund und Basisdüngung

Völlig ungeeignet als Bodengrund sind direkt aus der Natur entnommene Materialien wie Schlamm, Flußsand, Lehm, Torf oder gar Gartenerde. (Bei gut eingerichteten und gepflegten Aquarien braucht man den Bodengrund erst nach mehreren Jahren zu erneuern.)

Wasserpflanzen benötigen zum guten Gedeihen nicht nur Nährstoffe aus dem Bodengrund. Sie entziehen dem Wasser auch über ihre Blätter alle lebenswichtigen Nährstoffe. Durch Futterreste und die Ausscheidungen der Fische entstehen im Wasser Stickstoffverbindungen in großer Menge, die aber von den Pflanzen nur zum geringen Teil verbraucht werden. Das Zuviel an Stickstoff und Phosphor ist in hohem Maße algenwuchsfördernd und kann in fischschädigende

Wie oft das Wasser wechseln? Konzentrationen ansteigen. Um diese Gift- und Schadstoffmengen zu vermindern, ist ein regelmäßiger Teilwasserwechsel von 25 % des Beckeninhaltes alle 14 Tage bis drei Wochen angeraten. (Lieber öfter kleine Mengen Wasser wechseln als selten einen Totalwasserwechsel durchführen.)

Außer Stickstoffverbindungen werden von den Wasserpflanzen noch weitere Nährstoffe und Spurenelemente benötigt. In den Aquarien entsteht sehr schnell ein Mangel an diesen Stoffen.

Düngung und CO_2 Deshalb fügt man regelmäßig nach dem Wasserwechsel dem Aquarienwasser einen Spezialdünger zu. Mit dieser Düngung werden die fehlenden Wuchs- und Nährstoffe ausreichend zugeführt. Neben den Nährstoffen wird auch noch CO_2 (Kohlendioxid) in gasförmiger Form von den Pflanzen aufgenommen. Der Zoofachhandel bietet einfach zu bedienende Dosiersysteme für jeden Aquarientyp an.

Um eine prächtige Unterwasserlandschaft zu erhalten, gilt es noch einige Regeln zu beachten:

Einsetzen der Wasserpflanzen
- Beim Neukauf der Pflanzen muß man diese von anhaftendem Schmutz, faulenden Blättern, Schneckenlaich und Algen säubern.
- Angefaulte Stiele werden eingekürzt.
- Bei Pflanzen mit braunen und dicken Wurzelballen schneidet man die Wurzeln vor dem Einpflanzen bis auf wenige Zentimeter zurück. Es sollten jedoch so viele Restwurzeln verbleiben, daß diese noch zur Verankerung im Bodengrund dienen können.
- Das Einsetzen in den aufbereiteten Bodengrund soll möglichst sorgfältig geschehen, damit die empfindlichen Stengel- und Blattstiele nicht verletzt werden.
- Knollen, Zwiebeln und Rhizome von entsprechenden Pflanzen werden nie ganz mit Aquarienkies bedeckt.
- Dichtlaubige und langblättrige Arten verwendet man als Hintergrund und Seitenbepflanzung.
- Halbhohe und attraktive Solitärpflanzen beleben den Mittelgrund.
- Kleinbleibende und rasenbildende Pflanzen verschönern den Vordergrund des Aquariums.

Dichte Erstbepflanzung Eine dichte Erstbepflanzung läßt das Aquarium schneller funktionieren, und Algen kommen gar nicht erst auf. Nach etwa vier Monaten kann man dann anfangen, zu lichten und die eine oder andere Pflanze je nach Gefallen gegen eine andere austauschen.

Das Wasser im Aquarium

Weder tropischen Gewässern noch klarstem Leitungswasser sieht man es äußerlich an, welche chemischen und organischen Stoffe sie enthalten. Alle Gewässer, ob tropischer Fluß, Bach, Tümpel, See oder auch einheimische Gewässertypen, werden von Ort zu Ort verschieden sein. Alle Stoffe, welche an das Wasser von der berührten Materie abgegeben werden, beeinflussen in hohem Maße nicht nur die empfindlichen Organe der Fische, wie Schleimhaut und Kiemen, sondern auch Zell- und Lebensfunktionen der Fische, Mikroorganismen und Pflanzen. Auch der Fischlaich wird von den Inhaltsstoffen des Wassers positiv oder negativ beeinflußt.

Deshalb ist es besonders wichtig, das Aquarienwasser fisch- und pflanzengerecht aufzubereiten. Leitungswasser, wie wir es in Deutschland dem Wasserhahn entnehmen, ist als Trinkwasser meist gut geeignet. Leitungsrohre aus Blei, Kupfer und Zink können jedoch das Trinkwasser negativ beeinflussen. **Leitungswasser**

Jeder hat schon in unterschiedlichem Zusammenhang von der Wasserhärte gehört. Auch für unsere Aquarienfische und Pflanzen ist die Wasserhärte nicht bedeutungslos. Die meisten unserer Pfleglinge kommen aus Gewässern, welche wir als Weichwasser bezeichnen. Diese Tropengewässer enthalten meistens nur geringe Mengen an Härtebildnern (Calcium- und Magnesiumsalze) sowie Bikarbonat (Hydrogenkarbonat-Anion). Unser Leitungswasser enthält meist mehr Härtebildner. **Die Wasserhärte**

Die Menge dieser Härtebildner kann man sich am besten vorstellen, wenn man sich vor Augen hält, daß 1 Grad deutscher Härte (° dGH = Gesamthärte) 10 mg Calciumoxid je Liter Wasser entspricht. Als weiches Wasser wird Wasser von 0–7° dGH bezeichnet, Wasser von 8–14° dGH ist mittelhart. Ab 15–21° spricht man von hartem Wasser, Wasserhärten von mehr als 21° bezeichnet man als sehr hart. Ein Wasser mit 30° dGH (solche Härten werden in manchen Orten der Bundesrepublik gemessen) enthält 300 mg Härtebildner (Calciumoxid) je Liter Wasser. In solchem Wasser können sich Fische aus Weichwasserbiotopen nie wohlfühlen, denn die Wasserverhältnisse sind zu gegensätzlich.

Für das Wohlbefinden der Fische und Pflanzen ist neben der Gesamthärte die sogenannte Karbonathärte (KH) – besser Säurebindungskapazität (SBK) genannt – äußerst wichtig. Die KH ist die Summe des gesamten im Wasser gelösten Hydrogenkarbonates (auch Bikarbonat genannt). Die Bikarbonate wirken als pH-Puffer (siehe unten) im Wasser. Das heißt, die Karbonathärte verhindert durch ihr Vorhandensein ein Absinken des pH-Wertes hin zum Säuresturz. Das soll aber nicht heißen, daß hohe KH-Werte im Aquarium anzustreben **Karbonathärte (KH)** sind, denn je höher die KH, desto höher ist auch das pH-Niveau. Stets ist die KH im engen Wechselspiel mit dem pH-Wert (= das Verhältnis von Säuren zu Basen) zu sehen.

Eine Karbonathärte von 2° bis 8° ist im Aquarium nach Möglichkeit anzustreben. Dies kann durch Austauschersysteme, durch Filtern über Aktivtorf und mit speziellen Wasserzusätzen erreicht werden.

pH-Werte und ihre Auswirkungen

Um Fische und Pflanzen dauerhaft pflegen zu können, sollte man weiter wissen, daß Wasser mit einem pH-Wert von 7 als neutral bezeichnet wird. pH-Werte unter 7 bezeichnet man als sauer (acidischer Bereich), über 7 als zunehmend alkalisch (basisch).

Der Gehalt an Säuren (●) und Basen (○) bestimmt den pH-Wert des Wassers.

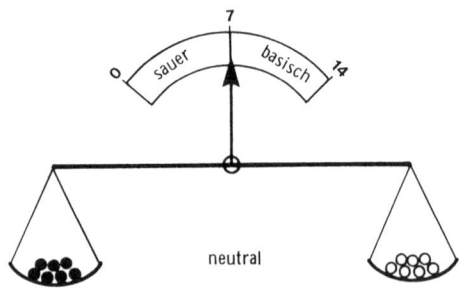

Je nach Art reagieren Fische, Pflanzen und Mikroorganismen auf zunehmende Säure oder Alkalinität negativ. Extremwerte, z. B. unter pH 5 oder über pH 8,5, können tödlich wirken. Man sollte deshalb immer pH-stabiles, fischfreundliches, auf die Bedürfnisse der gepflegten Arten abgestimmtes Wasser anstreben.

Meßreagenzien und weitere Speziallitteratur führt Ihr Zoofachhändler.

Schwermetalle aus der Leitung

Meist wird das Aquarienwasser der Wasserleitung entnommen. Bei der Neueinrichtung, aber auch beim unumgänglichen Teilwasserwechsel (alle 14 Tage bis 3 Wochen ⅓) müssen wir daher einen weiteren Aspekt der Wasserpflege beachten: Fische und Pflanzen sind in ihren Ursprungsländern Schwermetallen und anderen belastenden Stoffen nur in sehr geringem Umfang ausgesetzt. Leitungswasser jedoch enthält meist durch Kupfer-, Eisen-, Blei- oder auch verzinkte Wasserleitungsrohre eine hohe und für Fische und Pflanzen gesundheitsschädigende Menge dieser Schwermetallionen. Auch die Chlorzugaben der Wasserwerke sind für Zierfische genauso schädlich wie andere, durch Umweltbelastung eingespülte Substanzen. Einen zuverlässigen Schutz vor Schäden an Fischen und Pflanzen bietet die Zugabe von einem sogenannten Frischwasserzusatz. Schadstoffe werden neutralisiert, die Kiemen und empfindliche Schleimhäute der Fische werden geschützt. Leitungswasser wird so zum brauchbaren Aquarienwasser aufbereitet.

Fischauswahl und -pflege

Wann kann man die Fische einsetzen?

Gönnen Sie der neuen Lebensgemeinschaft im Aquarium Ruhe und Zeit, um sich zu stabilisieren.

Keinesfalls sollte man die Fische sofort nach dem Einfüllen des Wassers einsetzen. Das Wasser ist zu diesem Zeitpunkt weder klar noch biologisch »eingefahren«. Die Pflanzen sind noch nicht angewurzelt, und der Filter benötigt, um voll wirksam zu arbeiten, noch einige Tage. Weit wichtiger ist aber die Tatsache, daß noch keinerlei Mikroorganismen vorhanden sind, um anfallende Stickstoffverbindungen zu verarbeiten. Die Folge: Hohe Nitritwerte können sehr schnell das Leben der Fische gefährden. **Biologische »Einfahrzeit«**

Mit Produkten aus dem Zoofachhandel kann man die Anlauf-, d.h. Wartezeit auf acht bis zehn Tage verkürzen. Am besten und sichersten ist es immer, vor dem Einsetzen der Fische das Aquarienwasser auf seine Brauchbarkeit hin zu testen. Sicherheitshalber kann man auch etwas eingefahrenen Bodengrund oder gebrauchtes Filtermaterial aus einem gesunden Aquarium in das neue Becken einbringen. Dieses Material enthält die erwünschten Bakterien für den Stickstoffabbau.

Welche Fische soll man pflegen?

Schon vor dem Kauf des Aquariums, spätestens aber vor dem Dekorieren des Beckens, sollte man sich darüber im klaren sein, welche Fische man pflegen möchte. Eine wahllos durcheinandergewürfelte Fischgesellschaft mit möglichst vielen bunten Arten sieht nur im ersten Moment der allgemeinen Begeisterung interessant aus. Leider sieht man sich aber sehr schnell an diesem bunten Gewimmel satt, und mancher Ärger stellt sich ein, weil eben nicht alle bunten Fische miteinander harmonieren.

Folgende Fragen und Tips erleichtern Ihnen die Auswahl des Erstbesatzes: **Auswahl der Fische**

- Stellen alle Fische die gleichen Temperaturansprüche?
- Fühlen sich alle im gleichen Wasser wohl?
- Decken sich die Ansprüche (hartes, weiches, leicht saures oder alkalisches Wasser)?
- Pflegen Sie Schwarmfische nur im Schwarm.
- Besetzen Sie alle Wasserzonen mit wenigen Arten.
- Achten Sie darauf, daß man manche Fische nur einzeln halten kann.
- Beim Erstbesatz dürfen algenfressende Fische nicht fehlen.

● Friedfische sollte man nie mit ihren Freßfeinden vergesellschaften.
● Die Nahrungsansprüche sollten ebenfalls berücksichtigt werden.
In bepflanzte Aquarien keine Pflanzenfresser einsetzen!
● Ständig werden neue Fischarten entdeckt und angeboten. Deshalb sollten Sie sich vor jedem Kauf darüber informieren, ob die
jeweilige Fischart für Ihr Aquarium geeignet ist.

Über 200 Zierfischarten gehören zum festen Angebot des Zoofach-
handels. Man wird Sie im Fachhandel gerne und umfassend beraten.
Auch der Blick in die Fachliteratur lohnt sich immer.

Die Fische werden eingesetzt Ist die Wahl gut getroffen, so müssen die Fische auf dem schnellsten
Weg nach Hause transportiert werden. Zu Hause angelangt, stellt
man einen sauberen Eimer (in welchem nie Spülmittel waren) sowie
ein Netz bereit. Anschließend wird der Transportbeutel geöffnet und
dem Beutelwasser aus dem Aquarium etwa $\frac{1}{4}$ Liter Wasser zugegeben. Anschließend wird der Transportbeutel 15 Minuten in das Aquarium gehängt.
Während dieser Zeit gleicht sich die Temperatur des Transportwassers der des Aquarienwassers an. Damit es zu keinem Wasserschock kommt, wird nun die Hälfte des Transportwassers in den be-
reitgestellten Eimer gegossen und der Beutel mit der gleichen
Menge Aquarienwasser aufgefüllt. Nach weiteren 15 Minuten haben
sich die Fische ganz sicher an das neue Wassermilieu gewöhnt und
werden ohne Transportwasser (über dem Netz leeren) in ihren neuen
Lebensraum gesetzt.
Man beobachtet nun die Fische sehr genau, um bei Unregelmäßig-
keiten sofort eingreifen zu können. Die Zugabe von Wasserpflege-
mitteln hilft, den Umsetzstreß zu mildern.

Woher die Zierfische kommen

Nachzuchten Sobald man vor den Aquarien eines gut sortierten Fachgeschäftes
steht und auf das muntere Treiben buntschillernder Fische sieht,
drängt sich jedem interessierten Menschen die Frage auf, woher diese Pracht kommt. Die Antwort lautet: Über 85 % der angebotenen
Zierfische stammen aus in- und ausländischen Zierfischzüchtereien
und von privaten Züchtern. In deren Aquarien werden auch Fischarten nachgezüchtet, welche in ihren Ursprungsländern schon ausge-
storben sind. Hauptexportländer tropischer Zierfischnachzuchten
sind Hongkong, Singapore, Thailand, die USA, Japan und Israel
Wildfänge (Teichfische). Etwa 15 % der angebotenen Arten werden noch aus ihren Ursprungsländern exportiert. Per Luftfracht kommen die Tiere, in
Spezialwärmekartons verpackt, auf dem schnellsten Weg nach Eu-
ropa und Übersee.
Es bleibt zu hoffen, daß durch wissenschaftliche Erkenntnisse noch

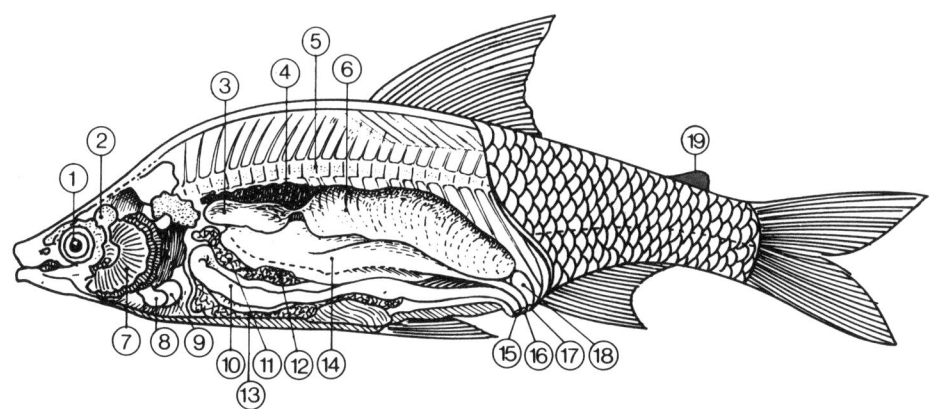

mehr Zierfische nachgezüchtet werden können, damit die Entnahme aus der Natur auf ein Minimum beschränkt bleibt.

Manche Arten werden nur saisonal im Handel angeboten. Dies liegt an den Regen- bzw. Monsunzeiten in den Tropen. Bei Hochwasser steigen manche Flüsse um mehr als 5 Meter bis zu 15 Meter über normal. Während des Hochwassers können keine Zierfische gefangen werden. In der Trockenzeit bei Niedrigwasser stehen die Fische im Restwasser dicht an dicht. Nicht nur fischfressende Greifvögel finden einen reich gedeckten Tisch, sondern auch alle Arten von Raubfischen leben dann im Überfluß, bis sie selbst durch das Austrocknen des Gewässers umkommen. Nur diejenigen Fische können überleben, welche in den großen Flüssen und tieferen Wasseransammlungen verblieben sind.

Eines ist sicher: Durch den Fang von Zierfischen ist noch keine Fischart ausgerottet worden. Solange keine akute Umweltzerstörung geschieht, Giftstoffeinleitungen, Gewässerbegradigungen, Industrieansiedlung oder das Abholzen des Urwaldes oder Eingriffe in den Wasserhaushalt ganzer Regionen durchgeführt werden, wird der Fischreichtum in Übersee der Aquaristik wegen nicht wesentlich abnehmen.

Im Gegenteil, viele Länder der dritten Welt haben den volkswirtschaftlichen Aspekt der Zierfischzucht erkannt und bauen diese noch weiter aus. Südostasien ist ein treffendes Beispiel hierfür. Dort werden neben einheimischen auch südamerikanische Fische und Wasserpflanzen erfolgreich vermehrt. Z. B. die beliebten südamerikanischen Neonfische werden heute ausschließlich aus Hongkong und Singapore importiert. Selbst Arten, die als sehr schwer züchtbar gelten, wie z. B. Diskusfische, Haibarben, Prachtschmerlen und Feuerschwänze, werden dort mit großem Erfolg nachgezüchtet.

1 Auge
2 Hirn
3, 6 Schwimmblase
4 Niere
5 Skelett (Gräten)
7 Kiemen
8, 9 Herz und Herzkammer
10 Darm
11, 12, 13 Leberlappen
14 Hoden
15 After
16 Geschlechtsöffnung
17 Harnleiteröffnung
18 Harnblase
19 Fettflosse
(bei Salmlern)

Wie man Fische richtig ernährt

Die Gesundheit, Lebensdauer, das Aussehen (Farbigkeit) und die Laichfähigkeit der Fische hängen von der Qualität ihrer Nahrung ab. In der Natur überleben nur die stärksten und gesündesten Tiere.

Natur- und Flockenfutter
Welches Futterangebot in den Heimatgewässern den Fischen zur Verfügung steht, ist stark abhängig vom Ökosystem, dem Wetter, der Jahreszeit und anderen Umwelteinflüssen. Diese mannigfachen und dauernd wechselnden Faktoren bedingen ein vielfältiges, umfangreiches Nahrungsangebot, aber auch Hungerzeiten mit einhergehender Einseitigkeit der Nahrung.

In mühevoller Laborarbeit ist es Wissenschaftlern gelungen, für Zierfische eine Nahrung zu entwickeln, welche durch ihre ausgewogene Zusammensetzung und fischgerechte Darreichungsform der natürlichen Nahrung sogar in ihrer Wertigkeit überlegen ist. Neben der gleichbleibenden Qualität hat diese Nahrung den Vorteil, immer verfügbar zu sein. Dies ist wichtig, denn für die Bewohner der Lebensräume aus zweiter Hand (Aquarien und Gartenteiche) übernimmt der Mensch die Auswahl und die Darreichung der Nahrung, somit auch die volle Verantwortung für das Leben der Pfleglinge.

Qualität der Nahrung
Zierfischfutter, ob in Flocken-, Granulat- oder Tablettenform, ist von Marke zu Marke nicht immer gleich. Die Qualität des Futters richtet sich nach den enthaltenen Nährstoffen (sie müssen alle voll verdaulich sein), den lebensnotwendigen Vitaminen, Spurenelementen und Ballaststoffen (Rohfaser). In der Gesamtheit ist dies für die Lebensdauer, das Wachstum, die Gesundheit sowie das Aussehen und auch für die Nachzucht aller Aquarienfische von entscheidender Bedeutung.

Wissenswertes über Fertigfutter

Gutes Zierfischfutter muß, wenn es als Vollnahrung gelten soll, nahrhaft, gesund und sättigend sein. Es darf keine pathogenen Keime, Schadstoffe oder Schädlinge enthalten. Die Zusammensetzung entscheidet über die Wertigkeit des Futters.

Zusammensetzung
Besonders wichtig ist die genaue und gleichbleibende Menge der Eiweißstoffe, Kohlehydrate (Zucker, Stärke, Glykogen), Fette, Vitamine, Mineralstoffe und Spurenelemente sowie der Ballaststoffe (Rohfaser). Die Wertigkeit der Eiweißträger hängt von der Zusammensetzung ihrer Aminosäuren ab.

Frische Rohstoffe
Nur wenn die verwendeten natürlichen Rohstoffe bei der Lagerung und Verarbeitung fachgerecht behandelt werden, bleibt ihre Qualität bis zur Verfütterung voll erhalten. Bei Marken-Zierfischnahrung unterliegen die Rohstoffe sorgfältigen chemischen und biologischen Qualitätskontrollen.

Die Fische sind grundsätzlich in der Lage, verschiedene Futtersorten geschmacklich und auch von der Konsistenz (Zusammensetzung) her zu unterscheiden. Gutes Futter wird gierig gefressen, weil es fischgerecht schmeckt. Es *schwimmt* lange genug obenauf, um auch die Oberflächenfische satt werden zu lassen. Es *schwebt* lange genug, um Fische der mittleren Zonen zu sättigen. Es *sinkt* mit der richtigen Geschwindigkeit im kompakten Zustand und kann von Bodenfischen noch voll aufgenommen werden. Durch die richtige Ballastmenge in der Nahrung ist die gesunde Verdauung gesichert.

Hochwertiges Fischfutter trübt das Wasser nicht, denn die natürlichen Rohstoffe sind fein vermahlen, und alle Inhaltsstoffe sind so verarbeitet, daß das Eiweiß nicht mehr trüben kann. Vom Wasser werden die Nährstoffe beim Verfüttern nicht herausgelöst. Die Spezialverpackung garantiert gleichbleibende Qualität und Frische bis zum letzten Rest.

Richtige Darreichungsform

Kann man auf Lebendfutter verzichten?

Wenn auch 95 % aller im Handel angebotenen Zierfische mit industriell gefertigtem Futter und Futterspezialitäten hervorragend ernährt werden können, so gibt es doch auch Arten, welche nur durch den Bewegungsreiz der Beute zur Nahrungsaufnahme angeregt werden können. Raubfische wie Barschartige, Hechte und ausgesprochene Beutegreifer wie Piranhas benötigen Lebendfutter. Großfische nehmen wiederum gerne kleine Futterfische (aus Futterfischzuchten) als Nahrung an. Auch Regenwürmer (Anglerwürmer) und Mehlwürmer werden von den »Großen« gerne gefressen.

Beliebt sind bei den Aquarianern die Bachröhrenwürmer (Tubifex), welche vom Zoofachhandel immer seltener lebend angeboten werden. Diese Tubifexwürmer stammen aus stark verschlammten und z.T. verschmutzten Gewässern. Deshalb empfiehlt es sich, die Würmchen vor dem Verfüttern noch einige Tage unter fließendem Wasser zu spülen. Nicht alle Fischarten können die Tubifexwürmer gut verdauen. Als Zwischendurchgabe werden sie aber trotz der genannten Nachteile verfüttert.

Sind Tubifex geeignet?

Leider eignen sich die natürlichen Gewässer unserer Heimat kaum mehr zur Entnahme von Lebendfutter. Der Verschmutzungsgrad und die Anreicherung mit Schwermetallen machen das Futter aus solchen Gewässern zum Risiko. Intakte Gewässer sind meist von Anglern gepachtet und dienen der Nutzfischhaltung. Es ist nicht zu empfehlen, Bachflohkrebse aus Gewässern zu entnehmen, in welchem sich Nutzfische befinden, denn Gammarusparasiten (sog. Schrätzer) treten bei diesen Tieren häufig auf.

Die früher so beliebten Wasserflöhe sind schon recht selten geworden, ebenso die Larven der nicht stechenden Büschelmücken. Rote Mückenlarven kann man öfters im Zoofachhandel erhalten, aber auch diese stammen aus verunreinigten Gewässern und müssen vor dem Verfüttern erst gespült werden. Schwarze Mückenlarven hingegen stellen nicht nur eine gute Nahrung dar, sondern stehen beinahe

Mückenlarven

jedem Tümpler und Gartenbesitzer im Frühjahr und den ganzen Sommer über zur Verfügung. Man sollte aber darauf achten, daß nicht zu viele dieser Larven und Puppen angeboten werden, damit keine Tiere übrigbleiben, die sich sehr schnell zu Stechmücken entwickeln können.

Fischfutter aus der Natur Naturentnommenes Futter bringt aber immer die Gefahr mit sich, daß man Karpfenläuse, Fischegel, Ektoparasiten oder Hydra (Süßwasserpolypen) in das Aquarium einschleppt.

Enchyträen und Grindalwürmchen können bei größeren Arten und heiklen Pfleglingen zu guten Ergebnissen führen, leider bringt die Zucht dieser Würmchen in der Wohnung manche Probleme mit sich. Auch sollte man davon nicht zuviel füttern, denn die Fische verfetten bei diesem üppigen Nahrungsangebot sehr leicht.

Tiefgefrorenes Futter Tiefgefrorene Futtertiere müssen vor dem Verfüttern aufgetaut, gespült und vitaminisiert (Vitamine aus dem Zoofachhandel) werden.

Salinenkrebse Für den Züchter unentbehrlich sind die selbst züchtbaren *Artemia salina*. Dies ist ein Kleinkrebs, aus dessen Dauereiern im Mischwasser (Artemia-Salz verwenden) kleinste Nauplien schlüpfen. Viele Jungfische sind nur mit diesem feinsten Plankton aus der Natur über die ersten Lebenstage zu bringen.

Aber auch in diesem Fall ist der Aquarianer aus den oben beschriebenen Gründen zur Sorgfalt aufgerufen. Es gilt der Grundsatz: Nie zuviel Lebendfutter in das Aquarium geben, denn Lebendfutter aus kaltem Wasser stirbt im Warmwasseraquarium sehr schnell ab und verschlechtert die Wasserqualität.

Wann, wie und wie oft füttern?

Ca. 95 % aller Zierfische können mit Fertigfutter gefüttert und gesund gehalten werden. Um die Fische aber artgerecht zu füttern, sollte man doch einiges beachten. Fische lieben es, bei der Fütterung nach einzelnen Happen zu jagen. Deshalb gibt es unterschiedlich sinkendes Futter und auch unterschiedliche »Happengrößen«.

Futterplätze Um den Beutetrieb der Fische rege und die Reflexe normal zu erhalten, empfiehlt sich nicht nur Abwechslung in der Darreichung, sondern auch, das Futter an verschiedenen Stellen des Aquariums anzubieten. Eine Überfütterung der Tiere wird vermieden, wenn man mehrmals täglich kleinere Mengen verabreicht. Jeweils nur so viel Futter geben, wie innerhalb weniger Minuten gefressen wird. Die Zeit, wann gefüttert wird, spielt dabei eine untergeordnete Rolle. Man kann

Fütterungs- rhythmus auch einmal am Tag, zum Beispiel am Feierabend, mehrmals hintereinander füttern. Eine Stunde vor dem Ausschalten des Lichtes wird nichts mehr gegeben.

Dämmerungs- und nachtaktive Fische sind davon ausgenommen; diese Arten können auch nach dem Verlöschen der normalen Beleuchtung versorgt werden. Das indirekte Licht aus dem Wohnraum genügt ihnen völlig, um sich gierig über die Futtertabletten herzumachen.

Überhaupt bringen die kompakten Futtertabletten »Leben« in die Gesellschaft auch der tagaktiven Bodenfische. Die Tabletten sinken sofort ab und stehen daher den Fischen der unteren Regionen voll zur Verfügung. Es macht Spaß zuzusehen, wie sich Welse, Barben und Salmler der unteren Wasserzonen freudig auf diese Nahrung stürzen und an ihr herumknabbern. Dies gilt auch für Tabletten, die man an die Scheibe klebt. **Futter für Bodenfische**

Gönnen Sie sich immer die Zeit, um die Fütterung zu einem Erlebnis für Sie und die Fische zu machen. Beobachten Sie die Nahrungsaufnahme und das interessante Verhalten jedes einzelnen Fisches. Sie erhalten durch die gezielte Fütterung nicht nur einen guten Einblick in das unterschiedliche Beuteverhalten Ihrer Pfleglinge, sondern lernen die Abläufe und Vorgänge in Ihrem Aquarium auch besser verstehen.

Unsere Fische haben Junge!

Plötzlich entdeckt man sie – die kleinen Guppys, Mollys, Platys oder Schwertträger – mitten im Gesellschaftsaquarium. Zwerg- oder Buntbarsche führen wachsam und aggressiv ihre oft sehr zahlreiche Jungfischschar durchs Becken. Das Maulbrüterweibchen schwimmt mit dickem Kehlsack durch das Aquarium.

Die unbeteiligte Fischgesellschaft hat die Jungfische aber »zum Fressen gern«. Spätestens zu diesem Zeitpunkt wird einem klar, daß etwas geschehen muß, wenn man von dem überraschenden Jungfischsegen etwas großziehen will. Mit einem eingehängten Plastikablaichbecken gelingt es recht gut, die Jungfische vor den Nachstellungen der anderen Fische oder auch der eigenen Art zu schützen. Besser ist es aber, sich rechtzeitig auf solche Eventualitäten vorzubereiten. Ein kleines Aufzuchtaquarium tut hier seinen Dienst. Beheizbar, mit einem kleinen Filter versehen, kann man darin die Jungfische problemlos aufziehen.

Die meisten Fische nehmen Spezialjungfischfutter (»Mikro«) mit hohem Eiweißgehalt sehr gerne und gedeihen dabei prächtig. Heikle Arten ernährt man mit den Nauplien von *Artemia salina* oder Teichplankton (das sind Räder- und Pantoffeltierchen, Larven von Daphnien und Cyclops). Dieses »Staubfutter« ist, jahreszeitlich bedingt, nicht immer in genügender Menge vorhanden. Deshalb ist die Zucht von *Artemia salina* ein guter Ausweg aus dem Engpaß. Jungfische brauchen, um gut gedeihen und heranwachsen,zu können, neben dem richtigen Futter auch immer gutes Wasser. Tauscht man häufig kleine Wassermengen aus, wird es keine Probleme geben. **Spezial-Jungfischfutter**

Schnecken im Aquarium

Ob man es will oder nicht, über kurz oder lang tauchen plötzlich Schnecken im Aquarium auf. Einige Arten stören nicht, andere aber muß man wieder entfernen, sobald man die ersten gesehen hat.

Schlamm-schnecken

Zu den **unerwünschten Arten** gehören die einheimischen Schlammschnecken (*Lymnaea*). Diese Arten vergreifen sich nur zu gerne an den Wasserpflanzen. Das gleiche gilt für die Florida-Tellerschnecke (*Marisa cornuarietis*) und ähnliche Arten aus Südamerika. In Südostasien lebt die Gattung *Pila*, welche zwar interessant ist, aber wegen ihrer Gefräßigkeit für gut bepflanzte Aquarien ausscheidet. Schnecken, direkt aus den Tropen importiert, haben im Aquarium nichts zu suchen! Sie können Zwischenwirte verschiedener gefährlicher Würmer sein.

Posthorn-schnecken

Die im Zoofachhandel angebotenen Arten stammen aus deutschen Zuchten und können gefahrlos gepflegt werden. Einheimische und tropische Posthornschnecken (*Planorbidae*) sind in wenigen Exemplaren im Aquarium unbedenklich. Sie ernähren sich von Algen, Mulm, aber auch von Pflanzenteilen. Eine Massenvermehrung dieser Art kann allerdings zu Pflanzenschäden im Aquarium führen. Die un-

Schnecken-bekämpfung

erwünschten Arten lassen sich mit einem Spezialpräparat aus dem Zoofachhandel gut entfernen. Dabei ist zu beachten, daß die abgestorbenen Schnecken laufend abgesammelt (abgesaugt) werden müssen.

Anschließend an diese Behandlung muß das Wasser über einen Aktivkohlefilter wieder entgiftet werden. Eine weitere Bekämpfungsmöglichkeit stellt das Anlocken der Schnecken mit geeigneten Ködern dar. Am besten bewährt haben sich dabei Futtertabletten. Manche Fischarten fressen Schnecken. Für diese Art der Schneckenbekämpfung eignen sich Süßwasserkugelfische und diverse Schmerlenarten, z.B. die Prachtschmerlen. Vorsicht beim Einsatz von Kugelfischen! Diese haben die »Angewohnheit«, wenn die Schnecken aufgezehrt sind, ihren täglichen Nahrungsbedarf mit anderen Fischen zu decken. Um dies zu vermeiden, muß man mit Lebend- oder Frostfutter weiterfüttern.

Apfelschnecken

Es muß aber gar nicht erst zu Problemen mit Schnecken kommen, wenn man nur die sogenannten Apfelschnecken (*Ampullaria*) aus Südamerika in das Aquarium setzt. Es werden von diesen schönen und überaus interessanten Lungenatmern drei verschiedene Farbvarianten im Zoofachhandel angeboten. Diese Schnecken stellen eine wahre Bereicherung eines jeden Aquariums dar. Sie fressen Algen, Mulm und (abgestorbene) Pflanzenteile, aber auch gerne Zierfischfutter, welches sie sogar von der Wasseroberfläche saugend aufnehmen.

Faszinierend ist es, ihre Bewegungsweise, die Atmung und die Art ihrer Vermehrung zu beobachten. Die Schnecken legen ihre »Eipakete« über dem Wasserspiegel ab. Bei ausreichender Luftfeuchtigkeit kann man die Entwicklung verfolgen und das Schlüpfen der zahlreichen Jungschnecken sehr gut beobachten.

Wird einmal eine Behandlung der Fische mit einem Fischheilmittel notwendig, so sind vorübergehend alle Apfelschnecken aus dem Becken herauszunehmen. Sie reagieren äußerst empfindlich auf Wasserverschlechterungen und die chemischen Stoffe, die in Heilmitteln enthalten sind. Erst nach dem Absetzen des Medikamentes und einem Teilwasserwechsel sowie der Filterung über Aktivkohle kann man die Schnecken (ohne Wasser und nach kurzem Überspülen mit temperiertem Leitungswasser) wieder unbesorgt in das Becken zurücksetzen.

Eine weitere geeignete Schneckenart stellt die malayische Turmdeckelschnecke (*Melanoides tuberculata*) dar. Sie hält den Bodengrund durchlässig, locker und sauber. Kommen diese Schnecken während des Tages in Mengen aus dem Boden, so ist dies ein Zeichen dafür, daß ein gestörtes Bodenmilieu (Schwefelwasserstoff) vorliegt. Der Bodengrund muß dann sofort überprüft und gegebenenfalls gereinigt werden. Eine Massenvermehrung kann ebenfalls zu Problemen führen, wenn einmal Medikamente verabreicht werden müssen und die Schnecken im Bodengrund absterben. Es empfiehlt sich daher regelmäßiges Absammeln.

Turmdeckelschnecken

Das Aquarium im Urlaub

Wegen eines Aquariums braucht man auf seinen wohlverdienten Urlaub nicht zu verzichten, wenn man es in die Urlaubsvorbereitungen mit einbezieht:

- 5 Tage vor Urlaubsbeginn wird der Filter gereinigt und neu bestückt.
- 3 Tage vor der Abreise wechselt man $1/3$ des Aquarienwassers aus und gibt ein gutes Wasseraufbereitungsmittel dazu.
- Bis 3 Tage vor der Abreise wird normal gefüttert.
- Der Futterautomat (es gibt auch hervorragende Batteriegeräte) übernimmt bereits während Ihrer Anwesenheit die Fütterung für 2 Tage. Damit haben Sie die Sicherheit, daß das Gerät einwandfrei funktioniert. (Lieber etwas weniger als zuviel Futter geben.)
- Bei Beleuchtung mit integrierter Schaltuhr sollten Sie die Schaltzeiten so wählen, daß noch in den ersten Stunden des Abends

Oben: Paradiesfisch (Macropodus opercularis, Beschreibung Seite 46).

Unten: Netz-Panzerwels (Corydoras reticulatus, Seite 43).

Nächste Doppelseite, links oben: Schmetterlingsbuntbarsch (Papiliochromis ramirezi, Beschreibung Seite 48). Links unten: Kongosalmler (Phenacogrammus interruptus, Text unten). Rechts oben: Silberbeilbauchfische (Gasteropelecus sternicla, Seite 40). Rechts unten: Skalar und Marmorskalar (Pterophyllum scalare, Seite 48).

Licht zu sehen ist. Das hält Einbrecher fern. (Z. B. Einschaltzeit 14.00 Uhr und Ausschaltzeit 23.00 Uhr.) Dadurch vermeidet man in den Sommermonaten auch einen unerwünschten Temperaturanstieg.

● Wird von Freunden oder Verwandten nach dem Rechten gesehen und auch gefüttert, empfiehlt es sich, die Futtermenge (am besten abgezählte Tabletten) bereitzustellen. Die Dosen gut wegpacken, denn aus mißverstandener Sorgfalt wurde schon oft zuviel gefüttert!

● 2 bis 4 Fastentage zwischen den Futtergaben haben noch keinem gesunden Fisch geschadet.

● Hinterlassen Sie der Person Ihres Vertrauens eine schriftliche Anweisung, wie man die Temperatur und die Gerätefunktionen überprüft und was im Notfall zu tun ist. Die Adresse Ihres Zoofachhändlers sollte für alle Fälle dem Pfleger bekannt sein.

● 1 Woche vor der Urlaubsreise sollten keine neuen Fische mehr eingesetzt werden.

Wochenendferien sind völlig problemlos, denn ein gut funktionierendes Aquarium kann mit einer Zeitschaltuhr und einem Futterautomaten ruhig einige Tage ohne Pflege bleiben.

Beliebte Aquarienfische

Die Fischbeschreibungen sind alle nach dem gleichen Schema aufgebaut: Deutscher Name, wissenschaftlicher Name, Herkunftsland, Temperaturanspruch und Größe des Fisches. Bei den Hinweisen auf die Farbfotos bedeutet o = oben, u = unten, r = rechts, l = links.

Salmler

Kongosalmler, *Phenacogrammus interruptus* (Foto Seite 36 u)
Zaire, Temperatur: 24–28 °C, Größe: 10 cm.
Herrlich gefärbt sind diese wenig empfindlichen Schwarmfische. Mit Friedfischen vergesellschaftet, bevölkern sie die mittleren und oberen Wasserschichten des Aquariums. Ausgewachsene Tiere vergreifen sich hin und wieder an Pflanzentrieben. Deshalb sollte das Aquarium mit robusten Arten wie *Anubias, Crinum* und *Amazonas* bepflanzt sein. Futter: Insektennahrung in jeglicher Form. Hauptfutter: Tabletten (an die Scheibe kleben).

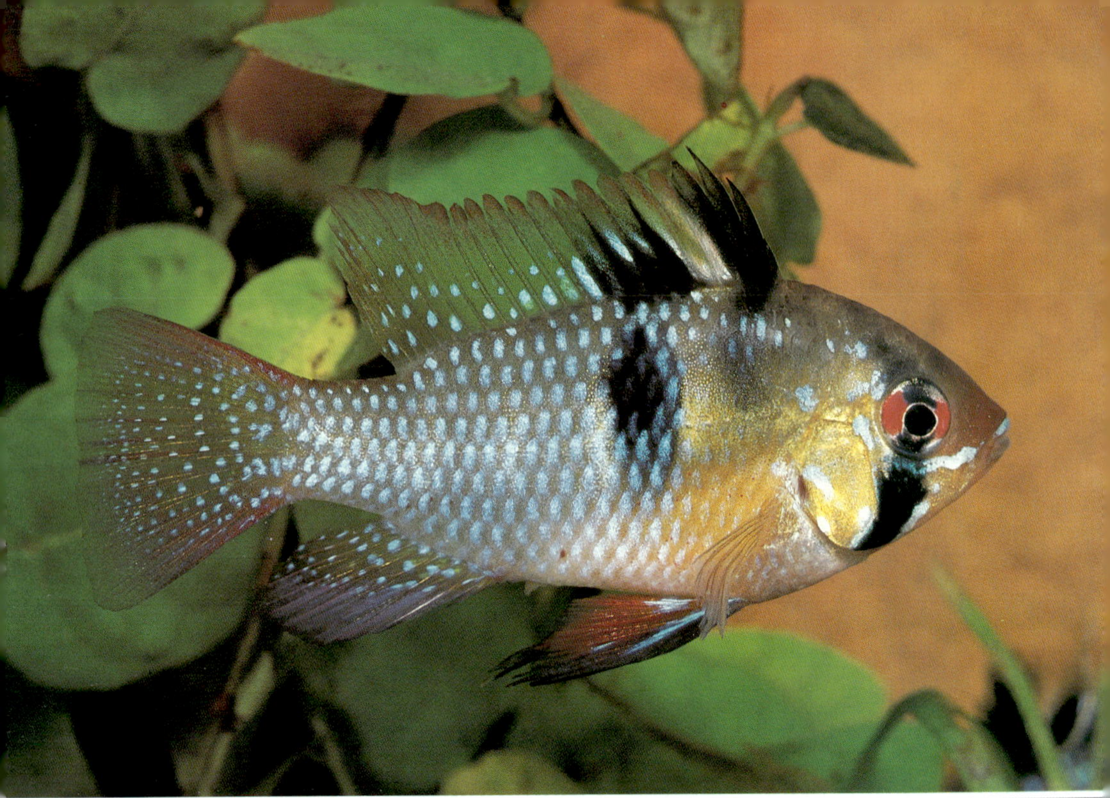

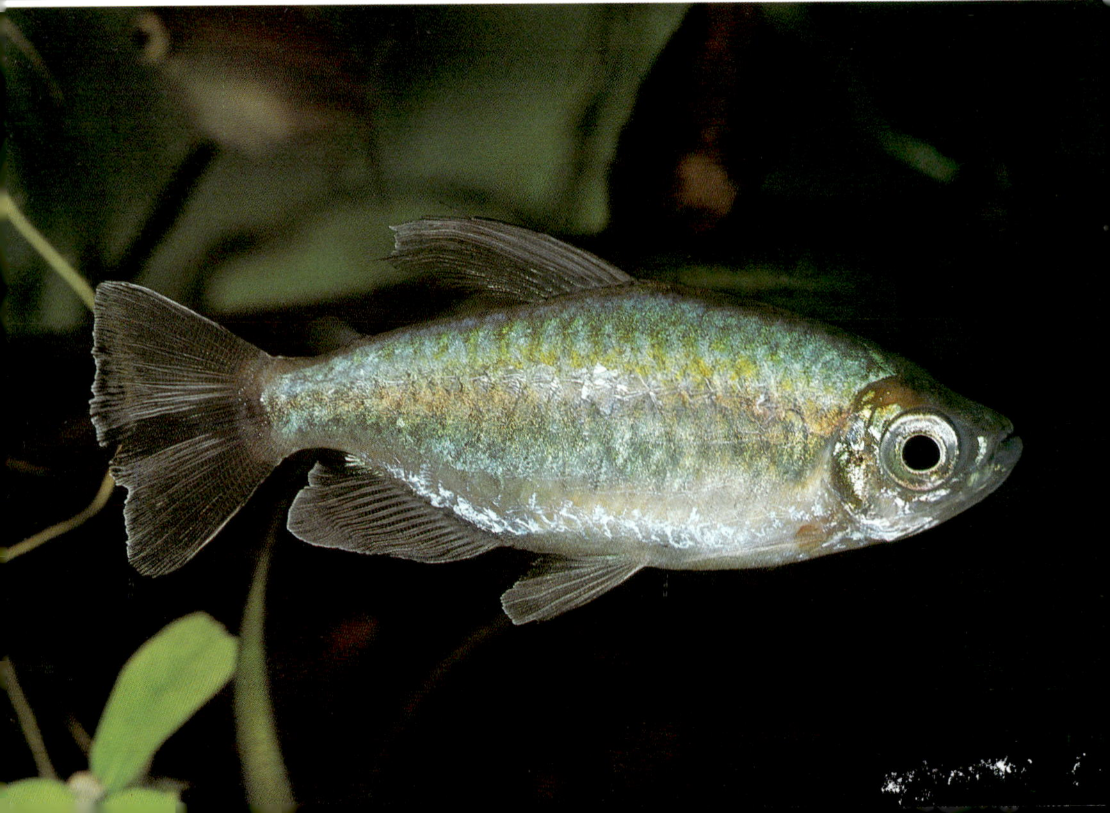

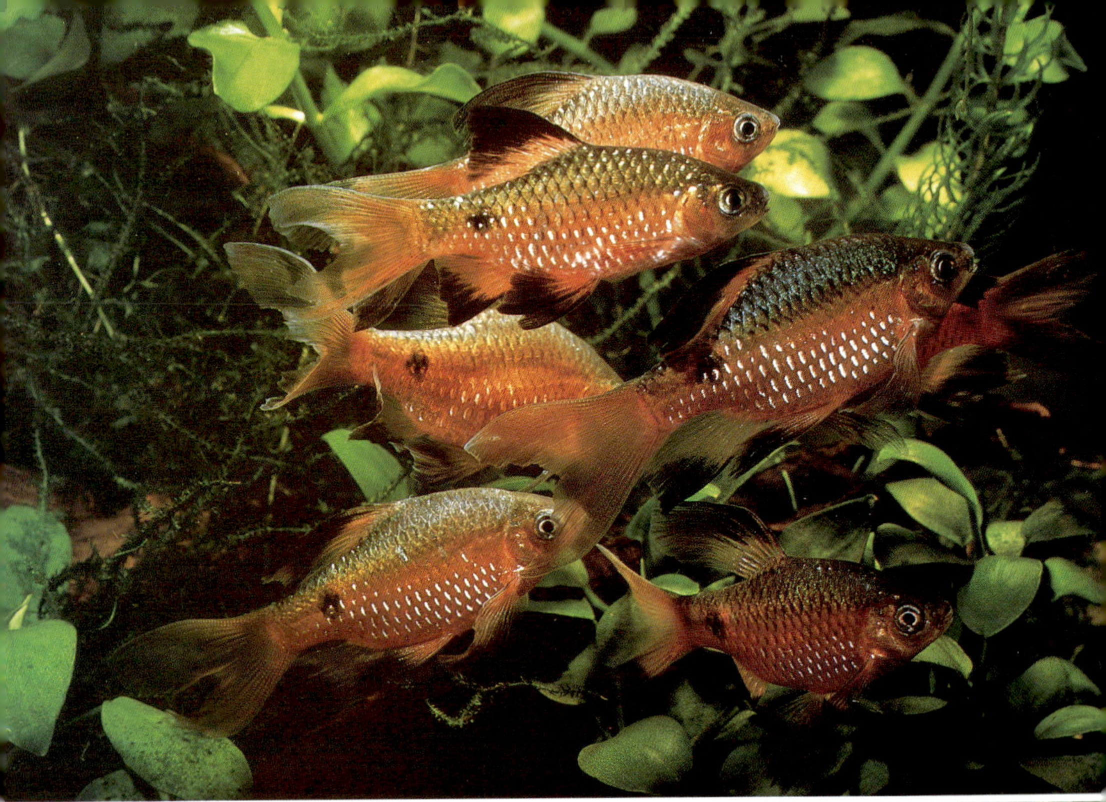

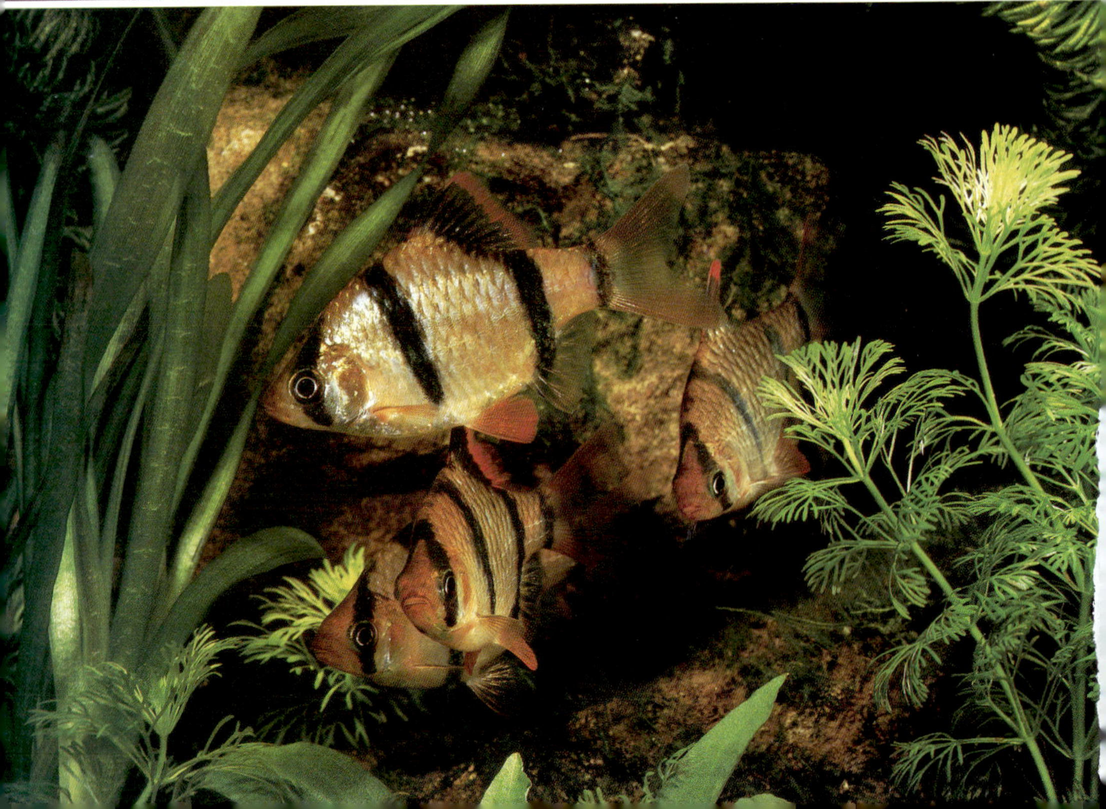

Roter Neon, *Paracheirodon axelrodi*
Einzugsgebiet des Rio Negro, Ost-Kolumbien, Temperatur: 24–28 °C, Größe: 5 cm.
Es empfiehlt sich, das Wasser über Torf zu filtern oder Torfextrakt hinzuzugeben, damit sich diese herrlichen Fische wohlfühlen. Am besten wirken sie im Schwarm (ab 15 Tiere) mit anderen Friedfischen vergesellschaftet. Sie fühlen sich in dichtbepflanzten Aquarien wohl. Man sollte sie beim Umsetzen langsam an das neue Milieu gewöhnen. Futter: Hochwertige Vollnahrung mit natürlichen Farbgebern; gutes Mikrofutter.

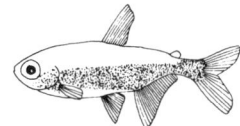

Oben: Ein Schwarm Prachtbarben (Barbus conchonius, Schleierform, Beschreibung Seite 41).

Trauermantelsalmler, *Gymnocorymbus ternetzi*
Brasilien, Temperatur: 24–26 °C, Größe: 6 cm.
Durch ihre Körperform und die schöne Schwarzfärbung fallen diese Salmler sofort auf. Sie gehören zu den am häufigsten gepflegten Aquarienfischen. Sie sind ausdauernd und langlebig. Am besten gedeihen diese Fische in gut bepflanzten Aquarien. Trauermantelsalmler sollte man im Schwarm (ab 6 Tiere) pflegen. Futter: Gute Vollnahrung und diverse Spezialitäten.

Kirschflecksalmler, *Hyphessobrycon erythrostigma*
Kolumbien, Temperatur: 24–26 °C, Größe: 8 cm.
Für das Arten- und Gesellschaftsbecken sind diese hochrückigen Fische ausgezeichnet geeignet. Man sollte sie im Schwarm pflegen. Das Wasser sollte über Torf gefiltert oder mit Torfextrakt aufbereitet werden. Futter: Gute Vollnahrung, Mückenlarven, Tabletten (an die Scheibe kleben).

Zitronensalmler, *Hyphessobrycon pulchripinnis*
Brasilien, Temperatur: 24–26 °C, Größe: 5 cm.
Für das Gesellschaftsbecken eignet sich diese Art besonders gut. Ein Schwarm von 8 Tieren bevölkert die mittleren Wasserzonen. Die zarten Farben kommen nach der Zugabe von Torfextrakt gut zur Geltung. Futter: Gute Vollnahrung, Mückenlarven, Tabletten (an die Scheibe kleben).

Kaisersalmler, *Nematobrycon palmeri*
Kolumbien, Temperatur: 24–28 °C, Größe: 5–6 cm.
Diese wunderschönen Salmler pflegt man am besten in gut bepflanzten Aquarien. Sie beleben die unteren bis mittleren Wasserschichten. Mit ruhigen Friedfischen kann man einen kleinen Schwarm (6 Tiere) immer vergesellschaften. Futter: Gute Vollnahrung, Tabletten.

Neonsalmler, *Paracheirodon innesi* (Foto Seite 55 ol)
Kolumbien, Peru, Brasilien (oberer Amazonas), Temperatur: 24–26 °C, Größe: 4 cm.
Ihre Farbenpracht und auch die ihnen eigene Friedfertigkeit lassen

Unten: Sumatrabarben (Barbus tetrazona, Seite 41).

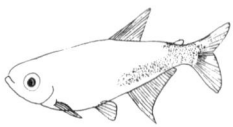

jedes Aquarianerherz höher schlagen. Für das Gesellschafts- und Artenbecken sind diese Fischjuwelen zur Belebung der unteren und mittleren Wasserschichten hervorragend geeignet. Stets sollte man sie im Schwarm (ab 10 Tiere) pflegen. Gut aufbereitetes Wasser lieben sie besonders (Torfextrakt). Futter: Gute Vollnahrung, Mikrofutter, Tabletten.

Rotmaulsalmler, *Petitella georgiae*
Kolumbien, Brasilien (Rio Negro Oberlauf), Temperatur: 25–28 °C, Größe: 5 cm.
Diese sehr auffälligen Zierfische sollte man nur im »Südamerika-Becken« pflegen. Mit roten Neonfischen, Schmucksalmlern, Kupfersalmlern und ähnlichen Arten vergesellschaftet, fühlen sie sich am wohlsten. Diese Schwarmfische stammen aus Schwarzwasserbiotopen. Deshalb muß man das Aquarienwasser über Torf filtern oder Torfextrakt zugeben. Zum Verwechseln ähnlich sehen die ebenfalls aus Südamerika stammenden Ahls Rotmaulsalmler (*Hemigrammus rhodostomus*) aus. Sie stellen die gleichen Pflegeansprüche wie *Petitella georgiae*. Futter: Gute Vollnahrung, Mikrofutter, Tabletten (an die Scheibe kleben).

Schrägschwimmer, *Thayeria boehlkei*
Brasilien, Peru, Temperatur: 24–26 °C, Größe: 6 cm.
In jedem Gesellschaftsbecken fallen die Schrägschwimmer durch ihr munteres Verhalten sofort auf. Ein Schwarm von 8 Tieren bevölkert im dicht bepflanzten Aquarium die mittlere Wasserzone. Futter: Gutes Hauptfutter, Tabletten.

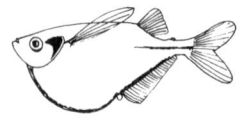

Silberbeilbauchfisch, *Gasteropelecus sternicla* (Foto Seite 37 o)
Brasilien, Guyana, Temperatur: 24–28 °C, Größe: 6 cm.
Eine Bereicherung für jedes Artenbecken stellen die Beilbauchfische dar. Sie bevölkern die Wasserzone unmittelbar unter dem Wasserspiegel. In gut abgedeckten Aquarien mit einigen Schwimmpflanzen als Deckung fühlen sich die Silberbeilbäuche am wohlsten. Diese Schwarmfische lieben es, wenn das Aquarienwasser über Torf gefiltert wird. Futter: Mückenlarven, Schwimmgranulat, Drosophila.

Schmerlen, Dorngrundeln

Prachtschmerle, *Botia macracantha*
Indonesien (Sumatra und Borneo), Temperatur: 24–28 °C, Größe: bis 30 cm.
Prachtschmerlen leben auf dem Bodengrund des Aquariums. Im kleinen Schwarm (6 Tiere) streifen sie auf Nahrungssuche ausdauernd umher. Zur Ruhe ziehen sie sich gerne unter Steine und Wurzeln zurück. Als Bepflanzung wählt man schnellwüchsige Arten,

denn die Prachtschmerlen naschen sehr gerne von den Wasserpflanzen. Als Schneckenvertilger gut geeignet. Mit anderen Fischen vertragen sie sich ausgezeichnet. Futter: Gute Futtertabletten mit hohem Pflanzenanteil, aber auch andere Futtersorten; Tabletten an die Scheibe kleben.

Karpfenfische

Haibarbe, *Balantiocheilus melanopterus*
Südostasien, Temperatur: 24–28 °C, Größe: bis 35 cm.
Für große Aquarien ab 150 cm im Schwarm von 5 Stück gut geeignet. Mit Haien haben sie nur die Figur und die elegante Schwimmweise gemeinsam. Sie sind ausgesprochen friedlich und deshalb auch für große Gesellschaftsbecken zu empfehlen. Das Aquarium muß abgedeckt sein, denn die Tiere können hervorragend springen. Futter: Gutes Markenfutter und Tabletten (an die Scheibe kleben).

Prachtbarbe, *Barbus conchonius* (Foto Seite 38 o)
Vorderindien, Bengalen, Assam, Temperatur: 22–26 °C, Größe: 8 cm (Importtiere bis 15 cm).
Dieser muntere Schwarmfisch liebt gut bepflanzte Aquarien. Für Gesellschaftsbecken mit robusten Fischen gut geeignet. Zeigt die schöne Farbe nur bei zusagendem Wasser (mit Torfextrakt aufbereitet). Futter: Gutes Markenfutter und Tabletten.

Purpurkopfbarbe, *Barbus nigrofasciatus*
Sri Lanka, Temperatur: 24–26 °C, Größe: 7 cm.
Purpurkopfbarben fühlen sich im Schwarm (ab 7 Stück) zwischen dichten Wasserpflanzenbeständen am wohlsten. Wird das Aquarienwasser über Torf gefiltert und Torfextrakt zugegeben, so zeigen sich bald die herrlichen Farben (rote Köpfe und schwarze Körper). Mit anderen Barben kann man sie gut vergesellschaften. Futter: Gutes Markenfutter und Spezialitäten.

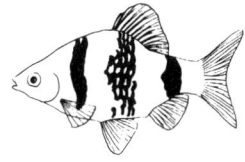

Messingbarbe, *Barbus semifasciolatus*
Hongkong, China, Temperatur: 22–26 °C, Größe: 8 cm.
Für das Gesellschaftsbecken sind diese hübschen, lebhaften Schwarmfische (ab 7 Stück) hervorragend geeignet. Vom Bodengrund bis in die mittleren Wasserzonen durchstreifen sie auf Nahrungssuche ununterbrochen das Aquarium. Nehmen gerne Tablettenfutter und Spezialitäten.

Sumatrabarbe, *Barbus tetrazona* (Foto Seite 38 u)
Südostasien (Sumatra, Borneo), Temperatur: 24–26 °C, Größe: 7 cm.
Sie sind stets lebhaft und temperamentvoll und sollten im Schwarm

(ab 7 Stück) gepflegt werden. Ebenso munter und pflegenswert wie die Sumatrabarbe ist die Odessabarbe (*Barbus ticto*). In wasserpflanzenreichen Gesellschaftsbecken kann man die Barben am besten mit ihresgleichen vergesellschaften. Sehr ruhigen Fischen können sie mitunter lästig werden. Futter: Problemlose Allesfresser, daher abwechslungsreich füttern.

Zebrabärbling, *Brachydanio rerio*
Indien, Temperatur: 22–26 °C, Größe: 6 cm.
Seit der Ersteinführung (1905) gehören diese schnellen, lebhaften Schwarmfische (ab 8 Stück) zu den beliebtesten und problemlosesten Aquarienbewohnern. Zebrabärblinge bevorzugen den Schwimmraum der oberen Wasserschichten. Man kann sie mit allen Friedfischen vergesellschaften. Futter: Gute Vollnahrung und Tabletten (an die Scheibe kleben).

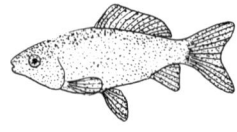

Goldfisch, *Carassius auratus*
China, Temperatur: 10–20 °C, Größe: bis 30 cm.
Sowohl im Kaltwasseraquarium als auch in Gartenteichen erfreuen Goldfische ihre Pfleger. Es gibt die unterschiedlichsten Zuchtformen aus Japan und China. Einige Arten (Schleierschwänze) sollte man nur im temperierten Aquarium pflegen. Goldfische und ihre Zuchtformen haben einen regen Stoffwechsel. Deshalb muß man wöchentlich $\frac{1}{4}$ des Wassers austauschen. Außerdem wird das Wasser mit einem leistungsstarken Filter saubergehalten. Goldfische benötigen pH-Werte über 7. Nach dem Wasserwechsel wird stets ein Frischwasserzusatz gegeben. Futter: Gutes Zierfischfutter und Tabletten.

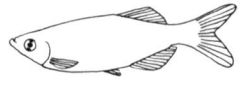

Malabarkärpfling, *Danio aequipinnatus* (Foto Seite 18 o)
Vorderindien und Sri Lanka, Temperatur: 24–28 °C, Größe 8–10 cm.
Fühlt sich als Schwarmfisch (ab 8 Stück) in gut bepflanzten Aquarien mit genügend Schwimmraum am wohlsten. Zur Belebung der oberen Wasserschicht ist dieser lebhafte Fisch für jedes Gesellschaftsaquarium zu empfehlen. Futter: Gutes Hauptfutter und Spezialitäten.

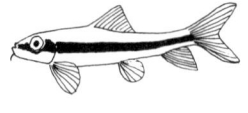

Siamesische Rüsselbarbe, *Crossocheilus siamensis*
Thailand, Temperatur: 25–28 °C, Größe: 12–14 cm.
Die Siamesische Rüsselbarbe liebt dichtbepflanzte Aquarien mit glatten Steinen und Wurzeln. Sie bevorzugt weiches, huminsäurehaltiges Wasser. Futter: Weidet gerne den Algenbewuchs im Aquarium ab. Braucht darüber hinaus Futtertabletten mit hohem Pflanzenanteil.

Keilfleckbarbe, *Rasbora heteromorpha*
Malaiische Halbinsel, Sumatra, Temperatur: 25–28 °C, Größe: 4 cm.
Keilfleckbarben sind beliebte Fische für das Gesellschaftsaquarium mit friedlichen Arten. Man pflegt sie im Schwarm (ab 8 Stück) und

bietet ihnen gutes, mit Torfextrakt aufbereitetes Wasser. Dicht bepflanzte Becken mit einigen Schwimmpflanzen (*Ceratopteris*) und genügend Schwimmraum sagen diesen attraktiven Fischen zu. Das gleiche gilt für die ähnliche *Rasbora hengeli,* die sich durch die schlankere Figur und einen gestreckten Keil von *R. heteromorpha* unterscheiden. Futter: Gutes Hauptfutter.

Kardinalfisch, *Tanichthys albonubes* (Foto Seite 55 or)
China (Kanton), Temperatur: 21–25 °C, Größe: 4 cm.
Kardinalfische beleben die oberen Wasserzonen. Ein Schwarm (15 Tiere) dieser lebhaften Art paßt in jedes Gesellschaftsaquarium. Hält man mehrere Paare in einem gut bepflanzten Aquarium alleine, so wird man schon nach kurzer Zeit junge Kardinalfische vorfinden. Futter: Gutes Hauptfutter, Mikrofutter.

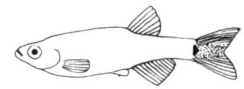

Welse

Schwarzrücken-Panzerwels, *Corydoras metae*
Kolumbien, Temperatur: 24–26 °C, Größe: 6 cm.
Panzerwelse stellen in jedem Aquarium eine Bereicherung dar. Sie bevölkern den Bodengrund des Aquariums. In Gruppen von 6–8 Tieren fühlen sie sich wohl. Der Bodengrund darf nicht scharfkantig sein. An Panzerwelsen kann man interessante Beobachtungen machen. Sie finden auf Anhieb Futter, sei es noch so versteckt. Sie haben neben der normalen Kiemenatmung eine aktive Darmatmung. Deshalb sieht man sie hin und wieder zum Luftholen an die Wasseroberfläche schwimmen. Futter: Spezielle Futtertabletten für Welse.

Netz-Panzerwels, *Corydoras reticulatus* (Foto Seite 35 u)
Brasilien, Temperatur: 24–26 °C, Größe: 6–7 cm.
Gerne hält sich diese Art unter Wurzeln und anderer Deckung auf. Die Netz-Panzerwelse lieben auch dunklen Bodengrund. Wie alle Corydoras-Arten sollte man sie in Kleingruppen (6–8 Tiere) pflegen. Gemischte Gruppen harmonieren ebenfalls. Sie lieben klares, sauerstoffreiches Wasser. Futter: Spezielle Futtertabletten für Welse.

Blauer Antennenwels, *Ancistrus dolichopterus*
Südamerika, Temperatur: 24–28 °C, Größe: 13–15 cm.
Gute Algenvertilger. Am besten hält man 2–3 Paare. Sie fühlen sich in Aquarien mit Pflanzenwuchs, glatten Steinen und Wurzelunterständen sehr wohl. Sind ausreichend Algen im Aquarium vorhanden, so vergreifen sie sich nicht an den Wasserpflanzen. In der Dämmerung werden sie richtig aktiv und munter. Harmonierende Paare laichen in Höhlen und Spalten gerne ab, wenn das Wasser weich und leicht sauer ist. Futter: Spezial-Futtertabletten und Futter mit hohem Pflanzengehalt.

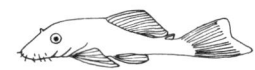

Indischer Glaswels, *Kryptopterus bicirrhis*
Südost-Asien, Temperatur: 25–26 °C, Größe: 12 cm.
Diese hochinteressanten Schwarmfische kann man mit ruhigen
Friedfischen gut vergesellschaften. Sie beleben die mittleren Wasserzonen. In dicht bepflanzten Aquarien mit Wurzeldekoration fühlen
sich diese freischwimmenden Welse sehr wohl. An den Tieren kann
man interessante Beobachtungen machen, denn sie sind durchsich-
tig. Futter: Die Glaswelse sind Allesfresser, die auch gerne an Tabletten knabbern.

Eierlegende Zahnkarpfen (Killifische)

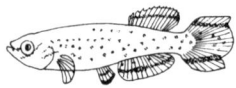

Stahlblauer Prachtkärpfling, *Aphyosemion gardneri*
Westafrika (Nigeria, Kamerun), Temperatur: 22–25 °C, Größe: 6 cm.
In gut bepflanzten Aquarien halten sich die Tiere in den unteren
Zonen des Beckens auf. Für das Gesellschaftsbecken mit ruhigen
und friedlichen Fischen sind diese *Aphyosemion* gut geeignet. Man
sollte 3–5 Weibchen und 2–3 Männchen pflegen. Das Wasser über
Torf filtern oder Torfextrakt zugeben. Im Zuchtbecken läßt sich die
Art leicht vermehren. Futter: Gutes Schwimmfutter, Mückenlarven,
Drosophila.

Querbandhechtling, *Epiplatys dageti* (Foto Seite 18 u)
Liberia, Ghana, Temperatur: 23–25 °C, Größe: 6 cm.
Selbst im Gesellschaftsbecken kann man diese hübschen Klein-
hechte mit friedlichen Arten vergesellschaften. Das Wasser sollte
man über Torf filtern und mit Torfextrakt aufbereiten. Einige
Schwimmpflanzen (*Ceratopteris*) geben diesen Bewohnern der
oberen Wasserzone gute Deckung. Im Artenbecken kann man mit
regelmäßigen Nachzuchten rechnen. Man pflegt 3 Weibchen und
2 Männchen. Futter: Insektennahrung, Mückenlarven, Schwimmgranulat.

Lebendgebärende Zahnkarpfen

Guppy, Millionenfisch, *Poecilia reticulata* (Foto Seite 56 o)
Trinidad, Venezuela, Nördl. Südamerika, Temperatur: 23–26 °C,
Größe: 6 cm.
»Millionenfisch« wird der Guppy dank seiner Vermehrungsfähigkeit
genannt. Vielfältige Zuchtformen werden heute im Handel angeboten. Sie zeichnen sich durch ihre herrlichen Farben und durch eine
schleierartige Beflossung aus. Mit Sumatrabarben und ähnlich ak-
tiven Arten sollte man diese Zuchtformen aber nicht vergesellschaften. Für Anfänger und Jugendliche sind Guppys gut geeignet, denn
an diesen Fischen kann man interessante Beobachtungen machen

(Paarungsverhalten und Geburt). Futter: Mückenlarven, Mikrofutter, gutes Hauptfutter.

Spitzmaulkärpfling, *Poecilia sphenops*
(Zuchtform: Black Molly, Gabelschwanzmolly)
Mittelamerika, Temperatur: 25–27 °C, Größe: 6 cm.

Der Black Molly gehört schon sehr lange zum Standardsortiment für
die Erstbesetzung eines Aquariums. Diese lebendgebärenden
Fische weiden sehr gerne die Algen von Wasserpflanzen, Scheiben
und Dekomaterialien ab. In mittelhartem Aquarienwasser bei einem
pH-Wert von über 7 fühlen die Tiere sich wohl und vermehren sich.
Auf Wasserverschlechterung reagieren sie allerdings mit deutlichem
Unbehagen (Schaukelbewegungen). Vergesellschaften kann man
Black Mollys mit nahezu allen Zierfischen. Futter: Spezialfutter mit
hohem Pflanzenanteil, Futtertabletten.

Schwertträger, *Xiphophorus helleri*
Mexiko, Mittelamerika, Temperatur: 23–25 °C, Größe: 10–12 cm.

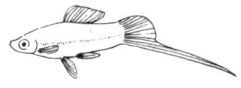

Sehr beliebt sind die verschiedenfarbigen Zuchtformen der Schwertträger. Durch ihre Friedfertigkeit eignen sie sich besonders für gut
bepflanzte Gesellschaftsbecken. Sie gehören, wie alle lebendgebärenden Arten, zu den beliebtesten Aquarienfischen überhaupt. 6 bis
10 Tiere (Männchen und Weibchen im Verhältnis 1:3) für ein 80-Liter-
Becken sind gerade richtig. Mittelhartes Wasser (8–15° dGH) und
pH-Werte über 7 tragen zum Wohlbefinden und zur Vermehrung bei.
Futter: Tabletten, pflanzenhaltige Hauptnahrung.

Platy, Spiegelkärpfling, *Xiphophorus maculatus* (Foto Seite 56u)
Mittelamerika, Mexiko, Temperatur: 24–26 °C, Größe: 6 cm.

Mit den Platys kann jeder Aquarianer im Gesellschaftsbecken seine
ersten Erfahrungen mit der gezielten Zierfischzucht machen. Platys
vermischen sich auch mit Schwertträgern im Gesellschaftsbecken.
Deshalb muß man sie, wenn auf reine Arten Wert gelegt wird, ge-
trennt halten. Mehrere Paare sorgen durch ihr munteres Treiben in
allen Wasserzonen für »Leben«. Die Jungfische, die schon nach kurzer Zeit geboren werden, müssen allerdings vor den immer hungri-
gen Mitbewohnern in Sicherheit gebracht werden. Man kann sie sowohl in einem Ablaichbecken als auch im Jungfischaquarium aufziehen. Futter: Gutes Hauptfutter, Tabletten, Mikrofutter.

Kletterfische

Siamesischer Kampffisch, *Betta splendens*
Südostasien, Temperatur: 25–30 °C, Größe: 7 cm.

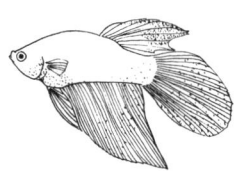

Im Zoofachhandel werden meistens die Zuchtformen des sog.
»Schleierkampffisches« in vielen Farben angeboten. Nicht in jedem

Gesellschaftsbecken kann man Kampffische pflegen. Mit Fischen gleicher Farbe und den Männchen der gleichen Art liegen sie im ununterbrochenen Kampf. Andere zänkische Fischarten (z. B. Sumatrabarben) machen den Kampffischen das Leben schwer. Also pflegt man sie nur einzeln, mit friedlichen Arten. Futter: Mückenlarven, Frostfutter und alles, was sich bewegt.

Macropode, Paradiesfisch, *Macropodus opercularis* (Foto Seite 35 o); östl. China, Temperatur: 22 – 28 °C, Größe: 10 cm.
Paradiesfische sollte man nur mit gleichgroßen, robusten Fischen vergesellschaften. Wie alle Labyrinthfische besitzen Macropoden das sog. Labyrinthorgan, das es ihnen ermöglicht, neben der normalen Kiemenatmung atmosphärische Luft aufzunehmen und zu verwerten. Deshalb muß man bei der Pflege dieser und anderer Labyrinthfische zwischen der Wasseroberfläche und der Abdeckscheibe einen Zwischenraum von ca. 2 cm freihalten. Einige Schwimmpflanzen bieten den Fischen Deckung. Futter: Mückenlarven, farbgebende Vollnahrung.

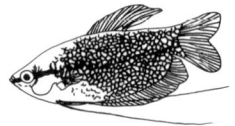

Mosaikfadenfisch, *Trichogaster leeri*
Malaysia, Sumatra und Borneo, Temperatur: 25 – 28 °C, Größe: 12 cm.
Dieser wohl schönste Labyrinthfisch wird im dicht bepflanzten Gesellschaftsbecken (mit ruhigen Arten) gepflegt. Einige Schwimmpflanzen (*Ceratopteris*) vermitteln den Mosaikfadenfischen Sicherheit. Labyrinthfische lieben Wasser, das über Torf gefiltert oder mit Torfextrakt aufbereitet wird. Futter: Gutes Hauptfutter, Tabletten (an die Scheibe kleben).

Buntbarsche (Cichliden)

Pfauenaugenbuntbarsch, *Astronotus ocellatus*
Südamerika, Temperatur: 24 – 28 °C, Größe: bis 35 cm.
Sehr häufig werden diese Großcichliden als Babys im Fachhandel angeboten. Pfauenaugenbuntbarsche wachsen aber sehr schnell, und kleine Fische dienen ihnen als Nahrung. Im Spezial-Cichlidenaquarium ab 150 cm kann man sie aber mit anderen großen Fischarten gut pflegen. Der Bodengrund wird mit Aquarienkies der Körnung 7 – 10 mm beschichtet, große Steine, Wurzeln und Wasserpflanzen in Töpfen (*Crinum* und Riesenvallisnerien) dienen als Einrichtung. Futter: Futtertabletten, Spezialfutter für Großfische (Pellets).

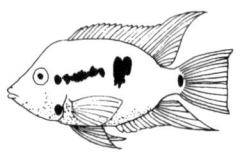

Feuermaulbuntbarsch, *Thorichthys meeki* (Foto Seite 55 u)
Mittelamerika, Temperatur: 23 – 26 °C, Größe: 10 cm.
Diese äußerst beliebten Buntbarsche bevorzugen Aquarien, welche mit runden Steinen, Tropenholz und einer dichten Randbepflanzung

ausgestattet sind. Vergesellschaften kann man sie mit anderen Barschen und größeren Arten. Das Wasser sollte über Torf gefiltert oder mit Torfextrakt aufbereitet werden. Der Feuermaulbuntbarsch kann als idealer Anfängerfisch bezeichnet werden, da er neben einer auffälligen Färbung ein sehr interessantes Verhalten bei der Vermehrung zeigt. Futter: Kräftige Futterbrocken, Mückenlarven und Futtertabletten.

Rotbuckel-Buntbarsch, *Geophagus steindachneri*
Kolumbien, Temperatur: 25–28 °C, Größe: 15–18 cm.

Interessant und ausgesprochen gut für das Gesellschaftsbecken mit größeren Fischen geeignet. Der Bodengrund sollte etwas grobkörniger (5–8 mm) gewählt werden, denn die Rotbuckel-Buntbarsche durchsuchen den Kies gerne nach Freßbarem. Sie lieben klares Wasser, welches man über Torf filtern oder mit Torfextrakt aufbereiten sollte. Interessant ist die Vermehrung dieser Fische: Sie laichen auf Steinplatten ab. Danach werden die Eier vom Weibchen ins Maul genommen. Nach ca. 20 Tagen werden die vollentwickelten Jungfische durch das Becken geführt. Nahrung: Gutes Hauptfutter, Tabletten.

Perlcichlide, *Cichlasoma cyanoguttatum*
Mittelamerika, Temperatur: 23–26 °C, Größe: bis 30 cm.

Diese Großcichliden werden als Jungfische oft gekauft, ohne daß man sich darüber im klaren ist, wie groß die Fische werden. Im Spezial-Cichlidenaquarium ab 150 cm mit Kies, Steinen und Wurzeln kann man diese schön gefärbte Art in wenigen Exemplaren gut pflegen und beobachten. Großcichliden haben einen regen Stoffwechsel. Deshalb muß das Becken über einen großvolumigen Filter saubergehalten werden. Nach dem nötigen Teilwasserwechsel ($\frac{1}{4}$ alle 2 Wochen) wird dem Aquarienwasser stets ein guter Frischwasserzusatz zugegeben. Futter: Kräftige Brocken, Tabletten, Pellets.

Schabemundbuntbarsch, *Labeotropheus fuelleborni*
Afrika (Malawisee), Temperatur: 25 °C, Größe: 15 cm.

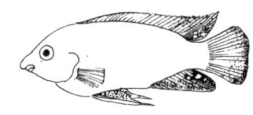

Ein Spezialaquarium mit diesen herrlichen Fischen aus dem Malawisee begeistert jeden Aquarianer. Schabemundbuntbarsche sind, wie die meisten Malawisee-Cichliden, Maulbrüter. Das Aquarium wird mit Steinterrassen und robusten Wasserpflanzen (*Crinum*, Sagittarien, Vallisnerien oder Javafarn) ausgestattet. Das Wasser kann mittelhart bis hart sein, und der pH-Wert sollte nicht unter 7,2 absinken. Das Wasser wird über Marmorbruch gefiltert und mit einem Frischwasserzusatz aufbereitet. Futter: Tablettenfutter mit hohem Pflanzenanteil.

Türkisgoldbarsch, *Melanochromis auratus*
Afrika (Malawisee), Temperatur: 24–26 °C, Größe: 10 cm.
Als »Korallenfische des Süßwassers« kann man diese herrlich gefärb-

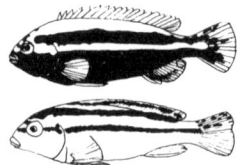

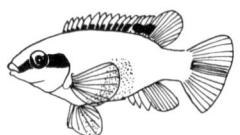

ten Fische bezeichnen. Die Männchen sind blauschwarz mit hellen Streifen, die Weibchen gelb mit schwarzen Streifen. In Aquarien mit vielen Verstecken (Felsaufbauten) und schöner Randbepflanzung (*Crinum* oder Vallisnerien) fühlen sie sich mit weiteren Arten aus dem Malawisee am wohlsten. Das Wasser muß gut gefiltert und mit einem Frischwasserzusatz angereichert werden. Futter: Tabletten und Futterspezialitäten mit hohem Pflanzenanteil.

Schmetterlingsbuntbarsch, *Papiliochromis ramirezi* (Foto Seite 36 o); Kolumbien, Venezuela, Temperatur: 25–28 °C, Größe: 6 cm. Diese wunderschönen Zwergbuntbarsche kann man gut im Gesellschaftsaquarium pflegen. Dicht bepflanzt und mit Wurzeln sowie Versteckmöglichkeiten eingerichtet sollte das Aquarium sein, damit sich die Tiere wohlfühlen. Das Wasser wird über Torf gefiltert oder mit Torfextrakt aufbereitet. Bei zusagenden Wasserverhältnissen kann auch mit Nachwuchs gerechnet werden. Futter: Frostfutter, Mückenlarven, gute Vollnahrung.

Purpurprachtbarsch, *Pelvicachromis pulcher*
Westafrika, Temperatur: 24–26 °C, Größe: 8–10 cm.
Ein idealer Cichlide für das Gesellschaftsaquarium. Ein Pärchen benötigt im dicht bepflanzten und mit Versteckmöglichkeiten ausgestatteten Aquarium ein Revier von ca. 60 cm Länge. Die Purpurprachtbarsche beziehen gerne eine Steinhöhle, in welcher sie auch ablaichen. In mittelhartem Wasser (bis 15°dGH), über Torf gefiltert, fühlen sie sich wohl. Futter: Frostfutter, Tabletten, Spezialitäten.

Segelflosser, Skalar, *Pterophyllum scalare* (Foto Seite 37 u)
Südamerika, Temperatur: 25–28 °C, Größe: 15 cm.
Skalare werden oft als Könige der Aquarienfische bezeichnet. Ihr attraktives Aussehen und die majestätische Schwimmweise haben zu dieser Aussage geführt. In gut bepflanzten Gesellschaftsbecken (*Crinum* und Vallisnerien) kann man sie mit mittelgroßen Fischen gut vergesellschaften. Zu ausgewachsenen Tieren kann man aber keine Fische von der Größe der Neonfische setzen, sie werden gefressen. Das Aquarienwasser sollte über Torf gefiltert oder mit Torfextrakt aufbereitet werden. Im Fachhandel sind mehrere Zuchtformen zu finden (Schwarze, Goldene, Marmor-, Rauch- und Schleier-Skalare). Futter: Frostfutter, Mückenlarven, gutes Hauptfutter.

Diskus, *Symphysodon discus, aequifasciatus, axelrodi, haraldi.* Amazonas, Rio Negro/Rio Solimoes und Nebenflüsse, Temperatur: 28–30 °C, Größe: 20 cm.
Diskusfische werden allgemein als heikel angesehen. Im Spezialaquarium kann man sie aber mit ruhigen Fischarten vergesellschaften. Damit sie gesund bleiben, muß man ihnen aber doch einige Aufmerksamkeit schenken. Das Aquarienwasser muß stets gut ge-

filtert werden. Gegen Schwermetalle sind diese Fische besonders empfindlich, deshalb sollte dem Aquarienwasser nach dem wöchentlichen Teilwasserwechsel (⅕ des Beckenvolumens wird ausgetauscht) immer ein gutes Frischwasseraufbereitungsmittel zugegeben werden. Futter: Sauberes Lebendfutter, tiefgefrorene Mückenlarven (immer temperaturangeglichen, nie kalt!), mit Vitaminen angereichert, diverse Futterspezialitäten.

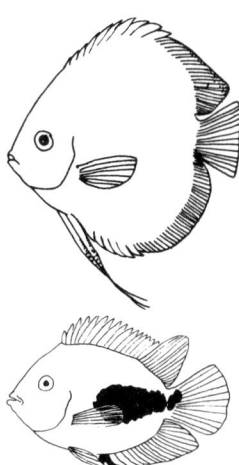

Keilfleckbuntbarsch, *Uaru amphiacanthoides*
Südamerika, Temperatur: 25–28 °C, Größe: 25–30 cm.
Diese herrlichen Großcichliden werden in großen Aquarien (ab 200 Liter) gepflegt. Mit großen Fischarten (Cichliden, Scheibensalmlern, *Leporinus*-Arten und Welsen) kann man sie gut vergesellschaften. Auf Wasserpflanzen muß man allerdings verzichten, da Keilfleckbuntbarsche Pflanzenfresser sind. Steine und Wurzeln können jedoch auch sehr gut wirken. Futter: Kräftige Pellets, Tabletten, Mückenlarven, Frostfutter.

Schützenfische

Schützenfisch, *Toxotes jaculatrix*
Asien, Temperatur: 25–28 °C, Größe: 15–25 cm.

Die Schützenfische leben in den Flußmündungen im Mischwasser. Deshalb pflegt man sie im Spezialaquarium, noch besser im Paludarium. Eine Gruppe von 5 Tieren ist stets zu empfehlen. Bekanntgeworden sind die Schützenfische durch ihre interessante Art des Beutefangs. Nicht nur unter Wasser wird auf Freßbares Jagd gemacht, sondern auch auf Insekten über Wasser. Mit gezielten Wassertropfen wird die Beute »abgeschossen« und beim Aufprall auf das Wasser sofort verzehrt. Dem Aquarienwasser sollte stets etwas Meersalz (3 Teelöffel voll auf 10 Liter Wasser) zugegeben werden. Vergesellschaften kann man sie mit Fischen, welche aus demselben Lebensbereich kommen (Argusfische, Silberflossenblätter und Kugelfische). Futter: Mückenlarven, Mehlwürmer und Insekten aller Art.

Halbschnäbler

Hechtköpfiger Halbschnäbler, *Dermogenys pusillus*
Südostasien, Temperatur: 25–28 °C, Größe: 7 cm.

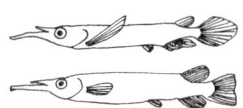

Diese Halbschnabelhechte bewohnen die Wasserzone unmittelbar unter der Wasseroberfläche. Sie sind für Gesellschaftsbecken mit mittelgroßen Fischen gut geeignet. Hochinteressant sind die Nahrungsaufnahme und die Vermehrung. Sie sind lebendgebärend. Einige Schwimmpflanzen tragen zum Wohlbefinden bei. Nahrung: Granulat, Mückenlarven und Anflug-Insekten.

Regenbogenfische

Roter Regenbogenfisch, *Glossolepis incisus*
Neuguinea, Temperatur: 23–25 °C, Größe: 15 cm.
Diese großen Regenbogenfische pflegt man am besten in Aquarien über 100 cm. Ein kleiner Schwarm (6–8 Tiere) bevölkert die mittleren und oberen Wasserzonen. Erwachsene Tiere zeigen bei Wohlbefinden herrliche Rottöne auf dem Körper. In mittelhartem Wasser bei pH-Werten über 7,2 kann man sie mit lebendgebärenden Fischen (Schwertträger, *Mollinesia*) gut vergesellschaften. Futter: Farbfördernde Vollnahrung, Mückenlarven.

Beliebte Aquarienpflanzen

Alle beschriebenen Wasserpflanzen sind für eine Erstbepflanzung des Aquariums geeignet und stellen ähnlich geartete Ansprüche an den Pfleger. Es sind schnellwüchsige, ausdauernde Arten, die in Spezial-Wasserpflanzengärtnereien nachgezüchtet werden.

Zwerganubias, *Anubias barteri var. glabra*
Westafrika
Für den Vordergrund und zum Begrünen von Moorkienwurzeln (Tropenwurzeln), Lavagestein und Korkeiche sehr gut geeignet. Der Wuchs ist zwar etwas langsam, aber die Anpassungsfähigkeit an Temperatur und Wasser macht die Zwerganubias so begehrt. Diese robuste, dunkelgrüne Pflanze kann man mit Perlonschnur (Anglersehne) sehr leicht auf das Dekomaterial aufbinden. Setzt man die Pflanze in den Bodengrund ein, so muß das Rhizom (der Wurzelstock) von Kies unbedeckt bleiben. Eine Filterung über Torf und die regelmäßige Zugabe von Flüssigdünger belohnt die Pflanze mit reichlicher Verzweigung und sattem Grün.

Krause Wasserähre, *Aponogeton crispus*
Sri Lanka
Diese häufig gepflegte *Aponogeton*-Art gehört zu jeder Standarderstbepflanzung eines Aquariums. Gruppenweise im Mittelgrund oder als Solitärpflanze. Oft werden im Fachhandel nur Knollen ohne Blätter angeboten. Diese treiben schon nach wenigen Tagen im Aquarium schöne Blätter und später, bei guten Bedingungen, auch kleine weiße Blütenrispen. Bestäubt man die Blüten untereinander mit einem Pinsel, kann man sogar das Werden einer neuen *Aponoge-*

ton-Pflanze erleben. Beim Einsetzen der einzelnen Knolle bleibt die Keimseite von Kies unbedeckt. Wasserähren legen sog. Vegetationspausen ein. Man muß nun etwas Geduld aufbringen, bis die Pflanzen nach einer Ruhepause ihre Blätter wieder neu bilden.

Rechts: Krause Wasserähre

Links: Karolina-Haarnixe

Karolina-Fettblatt, *Bacopa caroliniana*
Südöstliches Nordamerika
Äußerst wuchsfreudig und dekorativ, zum Bepflanzen des Mittelgrundes und der Randzonen im Aquarium. Kleine Gruppen zu 5–10 Stück wirken am besten vor feinfiedrigen und rotblättrigen Wasserpflanzen. Die Wassertemperatur kann 20–26°C betragen. Das Fettblatt ist deshalb auch für das Kaltwasseraquarium geeignet. Vor dem Einpflanzen werden die Stengel etwas eingekürzt und die Blätter der letzten 5 cm entfernt. Anschließend steckt man die Stengel etwa 4 cm tief in den Bodengrund. Wachsen die Pflanzen einmal aus dem Becken heraus, so kann man sie einkürzen und die abgeknipsten Pflanzenteile wieder einsetzen. Schon nach wenigen Tagen wurzeln sie an und treiben neu.

Karolina-Haarnixe, *Cabomba caroliniana*
Nordamerika
Sie wird gerne als Mittelgrund- und Seitendekoration verwendet. Um üppig wachsen zu können, benötigt sie viel Licht. Gruppen von 10–15 Pflanzen wirken am besten vor dunklem Dekorationsmaterial wie

Steinholz, Tropenwurzeln, Schiefer oder Lavagestein. Erreichen die schnellwüchsigen Pflanzen die Wasseroberfläche, so kann man sie frei fluten lassen oder auch problemlos einkürzen und wieder neu stecken. *Cabomba*-Arten muß man regelmäßig pflegen. Dem Wasser wird Flüssigdünger und CO_2 (Kohlendioxid) zugegeben. Über Torf filtern.

Thailand-Hakenlilie, *Crinum thaianum*
Thailand
Die Zwiebelpflanze ist eine der beliebtesten Wasserpflanzen. Als Hintergrund- und Seitenbepflanzung besonders gut geeignet. Werden die Blätter zu lang, kann man die äußeren unbeschadet abschneiden. Auch als Solitärpflanze wirkt die Hakenlilie für sich. Beim Einsetzen der Zwiebel sollte man diese mit etwas Filterwatte umwickeln. Dies erleichtert der Pflanze das problemlose Anwurzeln. Die Zwiebel wird nur bis zum Blattansatz in den Bodengrund eingepflanzt.

Wendts Wasserkelch

Wendts Wasserkelch, *Cryptocoryne wendtii*
Sri Lanka
Cryptocorynen sollte man nicht als Erstbepflanzung verwenden, weil sie stabiles, eingefahrenes Aquarienwasser benötigen. Es gibt aber auch einige Ausnahmen: Die ceylonesischen Arten, zu denen auch *C. wendtii* gehört, kann man als Vordergrund- und Mittelteilbepflanzung schon von Anfang an verwenden. Beim Stecken der Pflanzen achte man darauf, daß das Rhizom nicht ganz von Kies bedeckt ist. Sie treiben sehr schnell Ausläufer. Regelmäßig sollte das Aquarienwasser zu einem Teil gewechselt werden. Wasserzusätze wie eisenhaltige Düngekugeln und Flüssigdünger erhöhen das Wohlbefinden der Cryptocorynen.

Cryptocorynen stellen einige Ansprüche an den Pfleger; deshalb soll-te man andere Arten erst nach einiger Erfahrung mit dem Aquarium zusetzen.

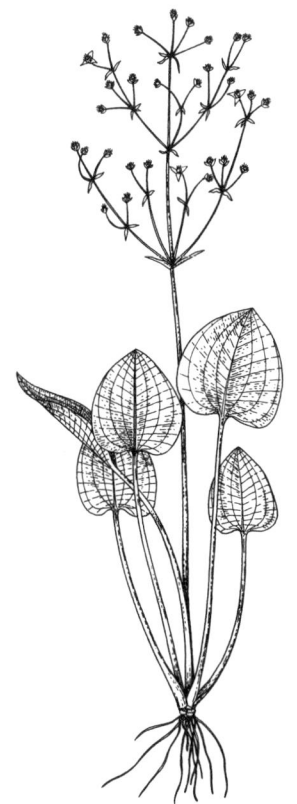

Links: Herzblättriger Wasserwegerich

Rechts: Argentini-sche Wasserpest

Herzblättriger Wasserwegerich, Amazonas, *Echinodorus cordi-folius;* Südöstliches Nordamerika bis Mittelamerika
Für hohe Aquarien als Solitärpflanze (Einzelpflanze) geeignet. Die herzförmigen, saftiggrünen Bätter können einen Durchmesser von mehr als 20 cm erreichen. Der Wasserwegerich kann aus Aquarien ohne Deckscheiben sehr schnell herauswachsen und Blütentriebe mit hübschen weißen Blüten entwickeln. Er benötigt viel Licht, einen nahrhaften Bodengrund und regelmäßige Wasserpflege. Erfüllt man diese Bedingungen, so hat man als Blickfang im Aquarium harte, schnellwüchsige und robuste Pflanzen.

Schwarze Amazonas, *Echinodorus parviflorus*
Südamerika
Der Wunschtraum eines jeden Wasserpflanzenfreundes sind die Amazonas-Schwertpflanzen. Eine beliebte und auch sehr wuchsfreudige Art ist *E. parviflorus*. Sie wird etwa 25 – 30 cm hoch und ist im Mittelgrund, vor hellgrüne Pflanzen gesetzt, ein auffälliger Blickfang. Wie alle Amazonas-Arten benötigt *E. parviflorus* einen nahrhaften Bodengrund und gute Düngung. Bei Temperaturen um 25 °C und regelmäßigem Teilwasserwechsel mit Frischwasserzusatz gedeihen die Amazonas prächtig. Es gibt sie auch als Zwerge (*E. tenellus* und *E. quadricostatus*) und als mittelhoch wachsende Arten (*E. osiris, bleheri, horemanni*).

Argentinische Wasserpest, *Egeria densa*
Argentinien (Zeichnung Seite 53)
Sie gedeiht sowohl im Warmwasser- als auch im Kaltwasseraquarium. Schnellwüchsig, sollte in keinem neu eingerichteten Becken fehlen. Als Hintergrund-, Seiten- oder Mittelgrundbepflanzung wirkt sie vor hellgrünen Wasserpflanzen ganz bezaubernd. Die Stielenden werden vor dem Stecken etwas eingekürzt und auf 5 cm von den Blättern befreit. Anschließend werden sie ca. 4 cm tief in den Bodengrund gepflanzt. Erreichen die Pflanzen die Wasseroberfläche, so kann man sie entweder fluten lassen oder auch problemlos einkürzen und wieder neu stecken.

Riesenwasserfreund, *Hygrophila corymbosa*
Südostasien
Eine großblättrige und schnellwüchsige Wasserpflanze für den Mittel- oder Hintergrund. Sie empfiehlt sich für jeden Aquarien-Erstbesatz. Zwischen dunklem Dekorationsmaterial und neben rotblättrigen Wasserpflanzen besonders attraktiv. In kleinen Gruppen zu 5 Stück, unterschiedlich lang eingekürzt, pflanzt man sie 4–5 cm tief in den Bodengrund. Das längste Exemplar wird nach hinten und das kürzeste nach vorne gesetzt. Dadurch entsteht eine schöne Tiefenwirkung im Aquarium, und die Pflanzen nehmen sich nicht gegenseitig das Licht weg. Überstehende und seitliche Triebe können, gut eingekürzt, wieder neu gepflanzt werden.

Indischer Wasserwedel, *Hygrophila difformis*
Indien bis Malaya
Sehr beliebte Wasserpflanze mit attraktiven, hellgrünen Blattsternen. Willig wachsend. Sie wird als Hintergrund-, Seiten- und Mittelgrundbepflanzung wurzellos in Gruppen zu 5 – 10 Stück eingesetzt. Man kürzt die Pflanzen vor dem Einsetzen in unterschiedliche Längen ein. Viel Licht, CO_2-Gaben und die regelmäßige Wasserpflege mit Frischwasserzusatz und Torfextrakt lassen diese Pflanzen prächtig gedeihen. Den Pflanzenbestand regelmäßig lichten, um noch genü-

Oben links: Ein Schwarm Neonsalmler (Paracheirodon innesi, Beschreibung Seite 39).

Oben rechts: Kardinalfische (Tanichthys albonubes, Seite 43).

Unten: Feuermaulbuntbarsche (Thorichthys meeki, Seite 46).

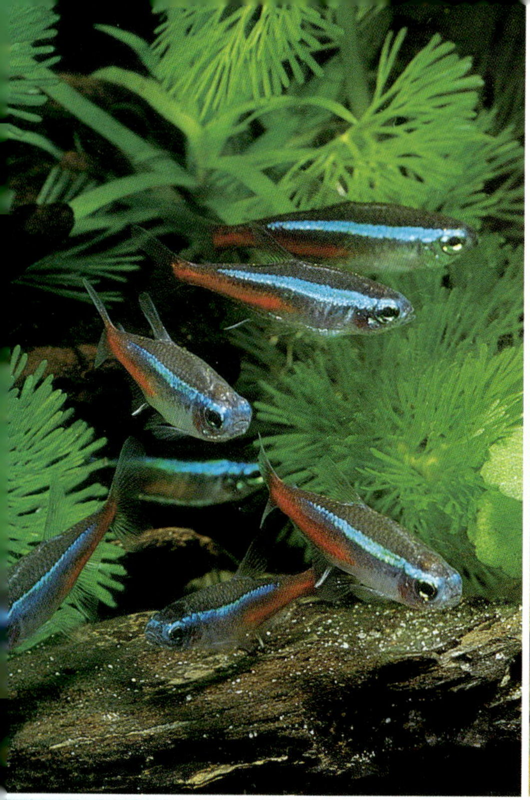
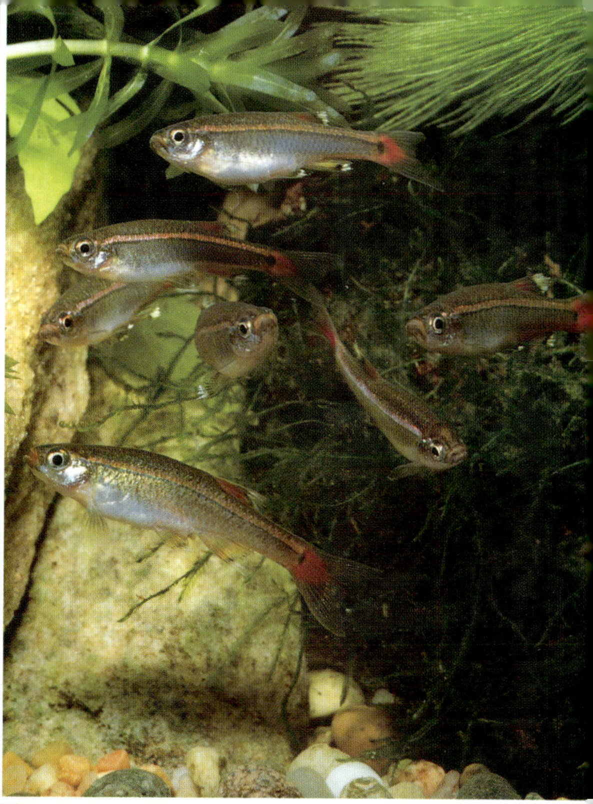
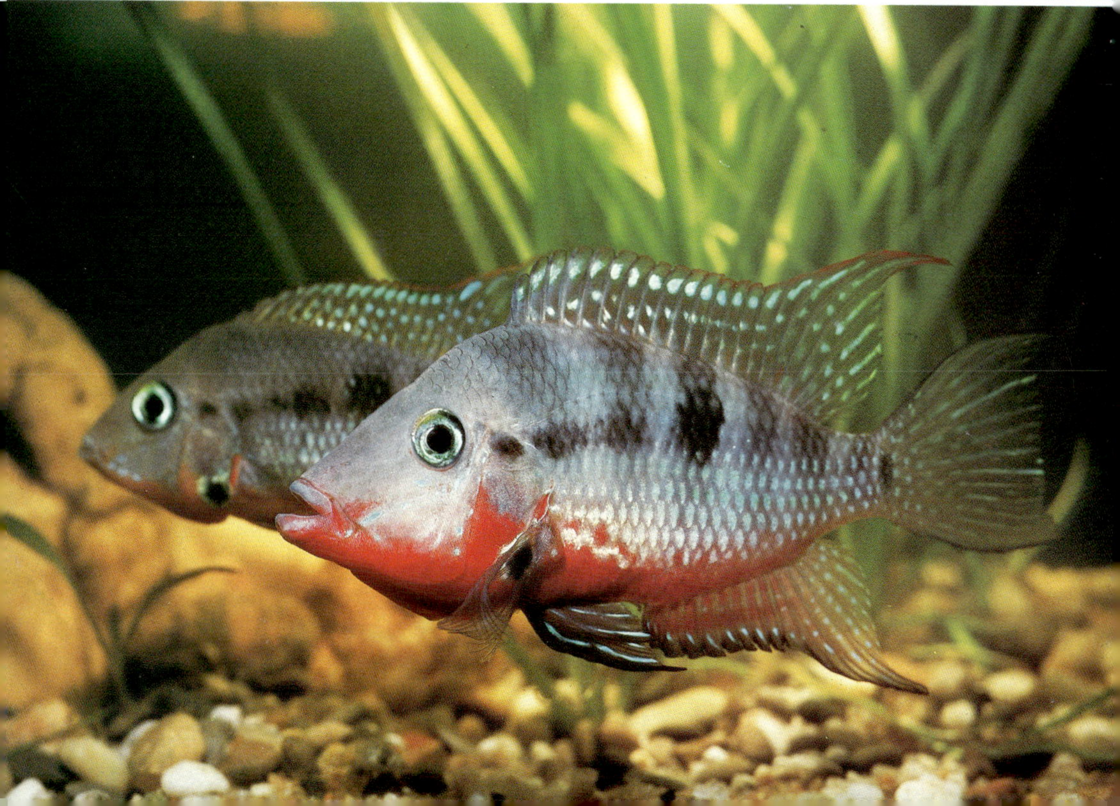

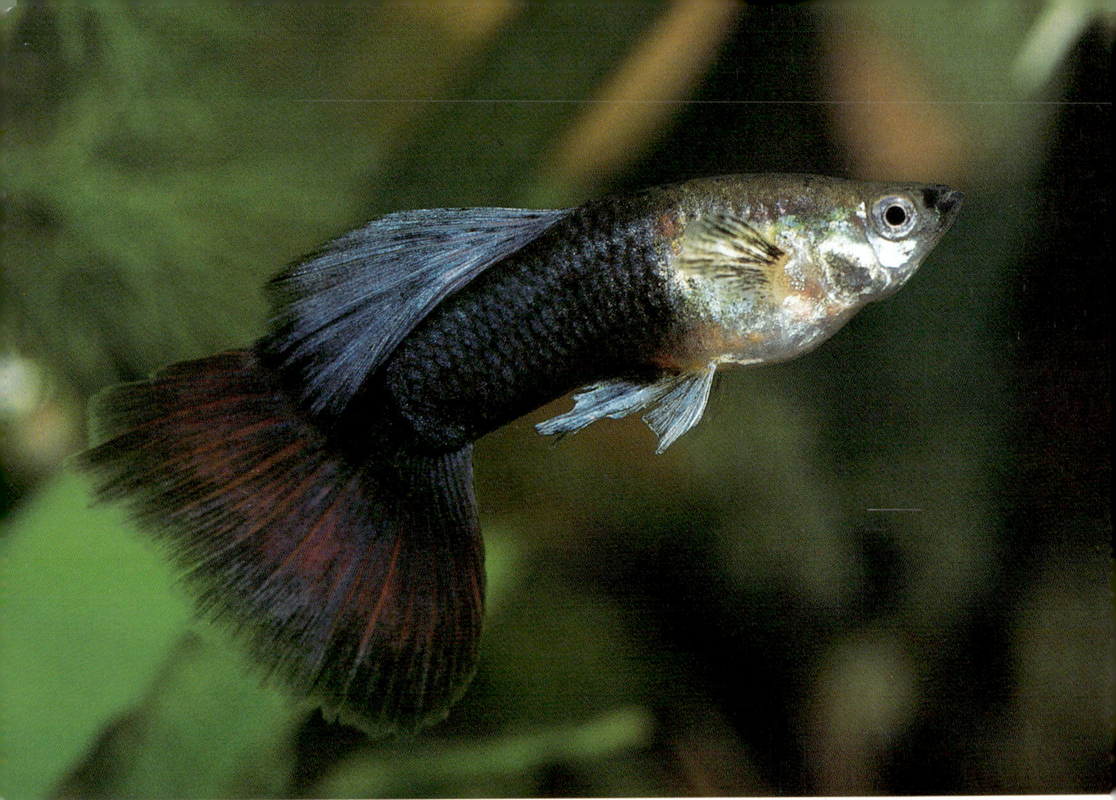

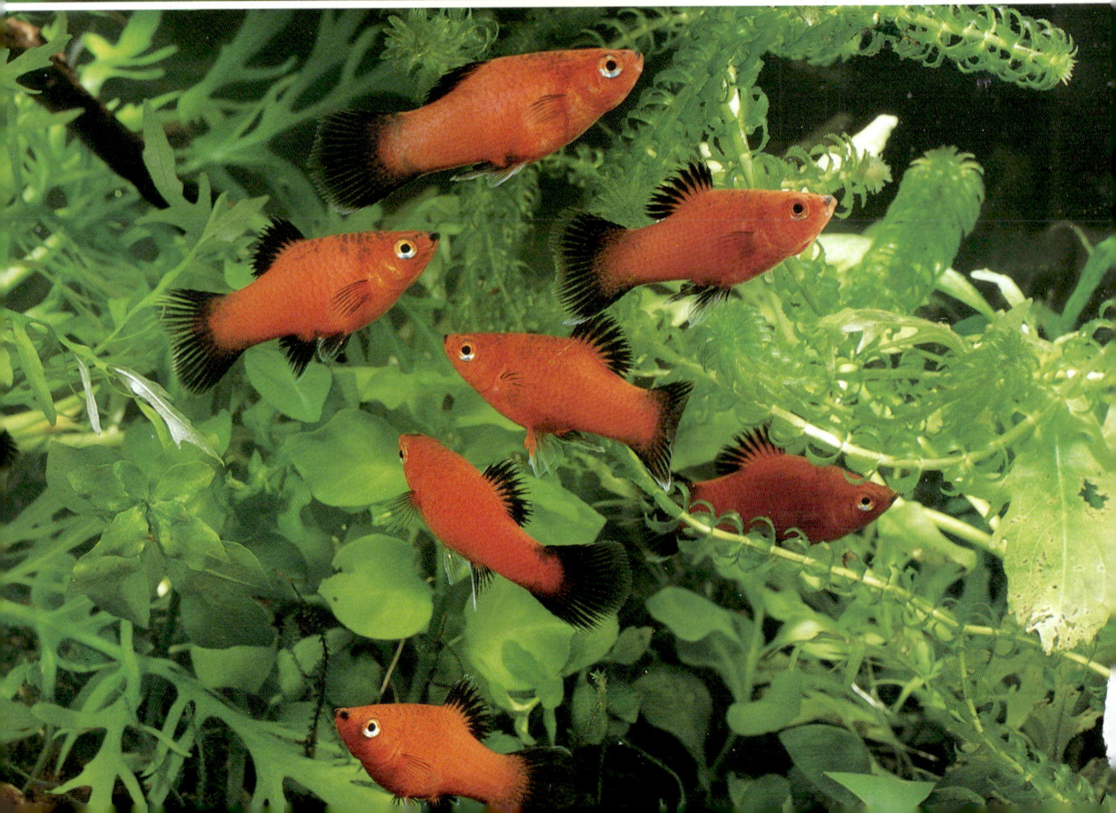

gend Licht für die anderen Pflanzen zu haben. Eingekürzte Seiten- und Überwassertriebe wurzeln schon nach wenigen Tagen wieder an.

Rechts: Indischer Wasserfreund

Indischer Wasserfreund, *Hygrophila polysperma*
Südostasien

Links: Indischer Wasserwedel

Der schnellwüchsige Wasserfreund ist seit Jahrzehnten aus den Aquarien nicht mehr wegzudenken. Zum Bepflanzen von Hintergrund, Seiten- und Mittelpartien und als Erstbepflanzung des Aquariums ideal. Durch regelmäßiges Einkürzen der Austriebe erzielt man Seitentriebe aus den Blattachseln, welche nach dem Abtrennen wieder zu schönen, leuchtendgrünen Pflanzen heranwachsen. Vor dunklen Pflanzen plaziert, kommen sie wirkungsvoll zur Geltung.

Javafarn, *Microsorium pteropus*
Südostasien (Zeichnung Seite 58)
Der harte und robuste Javafarn eignet sich gut, um Holz, Steine und Korkrinde zu bepflanzen (mit Angelsehne befestigen). Der Farn soll nicht direkt in den Bodengrund gesetzt werden, weil die Wurzeln dort sehr schnell faulen. Man kann die Vermehrung aus dem Rhizom und auch aus den Blättern (Jungpflanzen entsprießen den alten Blättern) verfolgen.

Lebendgebärende Zahnkarpfen: Oben ein Guppy-Männchen (Poecilia reticulata, Beschreibung Seite 44) und ein Schwarm Platys (Xiphophorus maculatus, Zuchtform Wagtail-Platy, Seite 45).

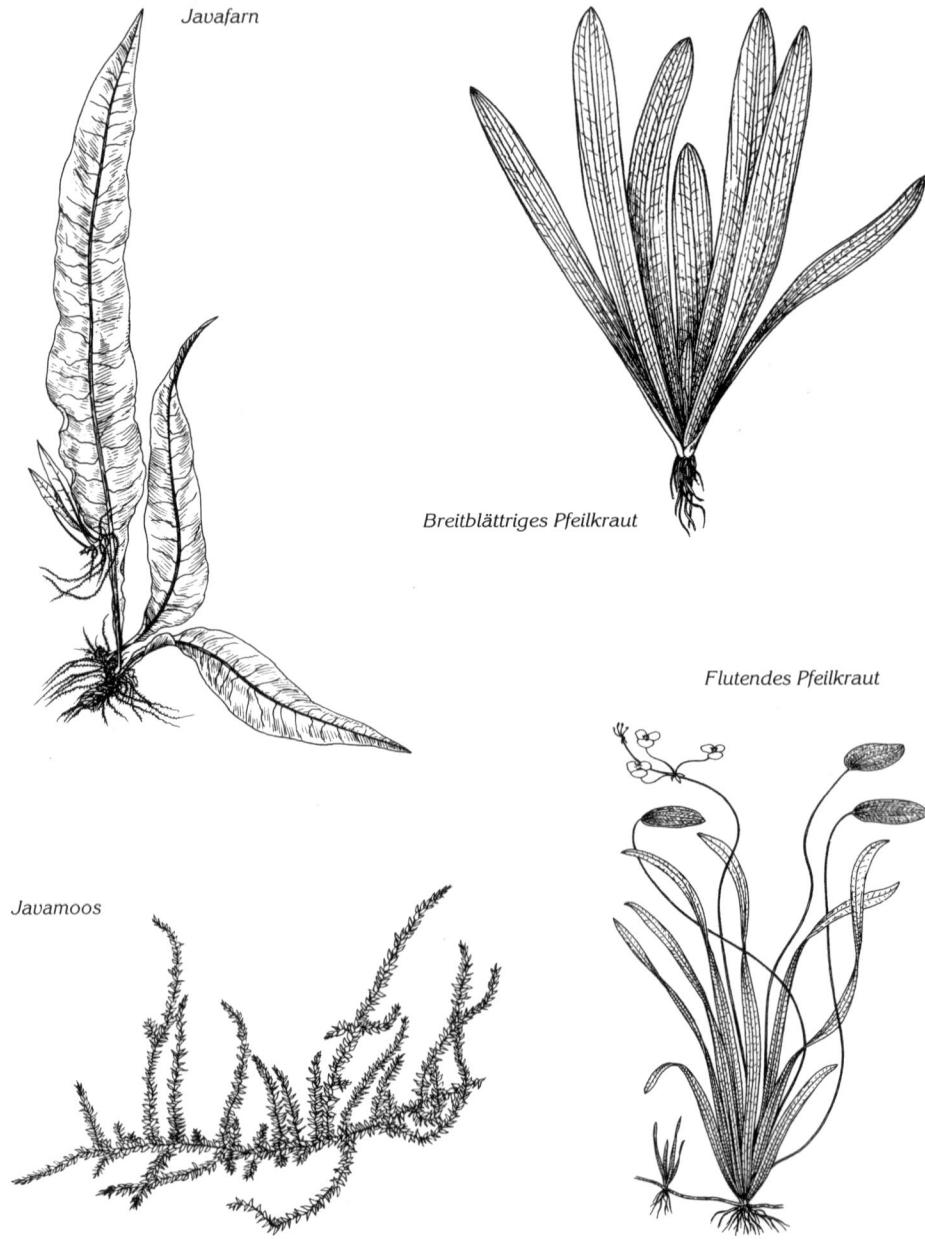

Javafarn

Breitblättriges Pfeilkraut

Flutendes Pfeilkraut

Javamoos

Rundblättrige Rotala, *Rotala rotundifolia*
Südostasien
Im Gegensatz zu ihrem Namen ist sie schmalblättrig und zart. Für mittelgroße Becken (60–100 Ltr.) eine hübsche Mittelgrundbepflanzung. Gruppen von 10–15 Stück wirken vor oder neben rundblättrigen Arten (Wassernabel, Wasserfreund, Amazonas) sehr dekorativ. Kann durch Stecklinge gut vermehrt werden. *R. rotundifolia* braucht, um gut zu gedeihen, viel Licht und regelmäßige Düngung mit Flüssigdünger.

Breitblättriges Pfeilkraut, *Sagittaria platyphylla*
Nordamerika
Für den Mittelgrund und (bei großen Aquarien) auch Vordergrund. Bis zu 40 cm lang und mit etwa 2 cm breiten Blättern ausgestattet. Vor feingliedrige oder große rundblättrige Arten und dunklen Hintergrund gesetzt, wirkt es sehr attraktiv. Das Pfeilkraut benötigt viel Licht und einen nährstoffreichen Bodengrund, wenn es sich durch Ausläufer vermehren soll.

Sumpfschraube

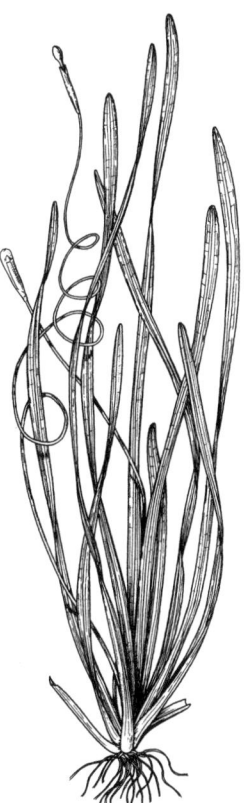

Flutendes Pfeilkraut, *Sagittaria subulata*
Nordamerika
Vordergrundpflanze, schnellwüchsig und robust, leicht zu vermehren und gut zu kultivieren. Für das Warm- und Kaltwasseraquarium gleich gut geeignet. Ein nahrhafter Bodengrund und ausreichend Licht führen sehr schnell zur erwünschten Ausläuferbildung. Vom Mittelgrund des Aquariums bis zur Frontscheibe bildet diese Art bei guten Bedingungen einen dichten Rasen. Als Erstbepflanzung setzt man 10–15 Stück im Abstand von 1 cm.

Sumpfschraube, *Vallisneria spiralis*
Südeuropa, subtropische und tropische Gebiete
Eine der beliebtesten und am längsten im Aquarium gepflegten Arten. Zur Bepflanzung von Hintergrund und Seitenpartien. Wuchsfreudige Pflanze. Ein nährstoffreicher Bodengrund läßt sie sehr schnell und reichlich grasartige Ausläufer bilden. Beim Einpflanzen achte man darauf, daß die bis auf 3 cm eingekürzten Wurzeln senkrecht nach unten zeigen. Der Blattansatz muß immer zu sehen sein.

Javamoos, *Vesicularia dubyana*
Asien
Besiedelt mit Vorliebe Holz, Lavagestein, Korkrinde und sogar Styroporrückwände. Die zarten Rankenspitzen streben schirmartig wachsend zur Wasseroberfläche. *V. dubyana* dient Jungfischen und vielen Arten als sicheres Versteck. Willig wächst das Unterwassermoos zu dichten Büschen, wenn man regelmäßige Wasserwechsel vornimmt und dafür sorgt, daß keine Veralgung die Pflanze schädigt.

Wissen hilft Probleme lösen

Der Inhalt dieses Buches vermittelt Ihnen ein solides Grundwissen über die Aquaristik. Je besser ein Aquarium von Anfang an funktioniert, um so weniger werden ernste Probleme auftauchen. Oft sind es aber die Kleinigkeiten, welche selbst erfahrene Aquarianer vor Probleme stellen können. Deshalb soll der folgende Buchteil Antworten auf die Fragen geben, welche im Verlauf der Jahre bei der Pflege von Fischen und Pflanzen auftreten können.

Problem   **Weiße Pünktchen** von 0,2 – 1 mm Größe treten auf dem Körper des Fisches und auf den Flossen auf.

Ursache   Ein Ektoparasit, *Ichthyophthirius multifiliis*. Bevorzugt werden geschwächte Tiere befallen. Erste typische Anzeichen sind neben den sichtbaren Pünktchen Flossenklemmen, Scheuern an Gegenständen, Apathie und Appetitlosigkeit bis zur Abmagerung. Der Parasit durchläuft drei Stadien:

1. Das Hautstadium – der Parasit wächst unter der Fischhaut zum reifen Parasiten heran. Dauer bei 25 – 27 °C Wassertemperatur: ca. 3 – 4 Tage.
2. Das Substrat- oder Bodenstadium: Die in der Haut herangereiften Parasiten fallen ab, umgeben sich mit einer Gallerthülle (Cyste) und teilen sich (Zellteilung) in bis zu ca. 750 Einzelindividuen. Dauer bei 25 – 27 °C Wassertemperatur: ca. 12 – 15 Stunden.
3. Nach dem Platzen der Cystenhülle befinden sich die bewimperten Schwärmer (jetzt Infektionsstadium) auf der Suche nach einem neuen Wirt. **Nur in diesem Stadium** können die Parasiten abgetötet werden.

Maßnahmen   Eine Therapie mit speziellen Heilmitteln gegen Ichthyo (aus dem Zoofachhandel) muß so lange erfolgen, bis die Fische gänzlich von den Pünktchen befreit sind. *Ichthyophthirius multifiliis* kann auch optisch nicht sichtbar übertragen werden. Einzelne Parasiten können im Darm, unter großen Schuppen und in den Kiemen schmarotzen. Wird nicht behandelt, so ist der Fischbestand nicht zu retten!

Problem   **Samtartig-graue Beläge der Fischhaut** (ähnlich Ichthyo, nur kleiner), die Fische scheuern sich, magern ab, Haut und Flossen lösen sich auf. Bei Kiemenbefall schnappen die Fische an der Oberfläche stark nach Luft. Sie stehen heftig atmend im Ausströmerbereich.

Ursache   Die Samtkrankheit *Oodinium pillularis* (kann leicht mit Ichthyo verwechselt werden). Der Werdegang der Parasiten ist ähnlich wie bei Ichthyo, lediglich die Panzergeißeltierchen vermehren sich nicht so zahlreich.

Heilmittel anwenden (siehe unter Ichthyophthirius multifiliis).   **Maßnahmen**

Graue, flächige Infektstellen an Fischhaut und Flossen. Die Fische   **Problem**
scheuern sich, winden sich, sind träge, Haut und Flossenränder lösen
sich ab.
Ektoparasiten, und zwar *Costia necatrix* (Geißeltierchen, Flagellat),   **Ursache**
Chilodonella cyprini (Ciliat, Wimpertierchen), *Trichodina, Trichodi-
nella, Tripartiella* (Ciliaten), *Tetrahymena.*
Mit Heilmitteln aus dem Zoofachhandel können Ektoparasiten her-   **Maßnahmen**
vorragend bekämpft werden. Um einen optimalen Behandlungser-
folg sicherzustellen, sollte man aber einige Punkte strikt beachten:
● Vor der Behandlung ist $\frac{1}{3}$ des Wassers zu wechseln.
● Die Wassertemperatur muß nicht erhöht werden.
● Es darf nicht über Kohle, Austauscher oder Oxidationsmittel gefil-
tert werden.
● Der Filter soll, mit Watte bestückt, weiterlaufen.
● Die Behandlung kann durch die Fütterung mit hochwertigem Fut-
ter hervorragend unterstützt werden.
● Heilmittel genau nach Gebrauchsanweisung dosieren.
● Nach der erfolgreichen Behandlung kann nach dem Teilwasser-
wechsel für 3–4 Tage über gute Aquarienkohle gefiltert werden,
anschließend wieder über das herkömmliche Filtermaterial.
● Für gute Wasserverhältnisse sorgen und nur gesunde Fische zu-
kaufen.

Die Fische zeigen **wunde, verpilzte Stellen am Maul oder auf den**   **Problem**
Flossen.
Mit *Saprolegnia* infizierte Wunden und Hautrisse (Rupturen).   **Ursache**
Mit einem Heilmittel gegen Pilze können diese gut bekämpft werden.   **Maßnahmen**
Es muß aber die Ursache der Wunden ebenfalls ermittelt werden. Bei
Maulschäden ist eine Verletzung durch einen anderen Fisch nicht
auszuschließen. Wunden und Verpilzungen am Fischmaul sind aber
häufig die Ursache von falschem Bodengrund, z. B. scharfkantigem
Gestein (Lava). Die Fische verletzen sich bei der Nahrungssuche, und
sofort siedeln sich Pilze an.
Hautschäden können sowohl durch mechanische Verletzungen auftreten als auch durch schlechte Wasserverhältnisse. Das gleiche gilt
auch für die sogenannte Flossenfäule; sie ist immer ein Zeichen für
ein gestörtes Wassermilieu. Ursachen abstellen und behandeln! Pilze
der Gattungen *Saprolegnia* und *Achlya* sind typische Schwäche-
parasiten und befallen vorwiegend geschwächte Tiere.

Die Fische fressen schlecht.   **Problem**
Schlechte Wasserverhältnisse. Falsches Futter. Unpäßlichkeiten.   **Ursache**

Maßnahmen	Die Wasserverhältnisse überprüfen. Markenfutter oder Futterspezialitäten einsetzen. Überprüfen, ob Ektoparasiten auf den Fischen ihr Unwesen treiben. Nötigenfalls die geeigneten Medikamente richtig dosiert einsetzen (z. B. spezielle Heilmittel gegen Ektoparasiten oder gegen Pilzerkrankungen).
Problem	Die Fische **sterben ohne äußerlich erkennbares Schadbild**. (Sie zeigen gute Farben und keinerlei Rötungen.)
Ursache	Vergiftung (Chlor, Schwermetalle, Ammoniak oder Nitrit). Bei Barschen oder Barschartigen kann ein *Hexamita*-Befall vorliegen.
Maßnahmen	Ursache ermitteln. Wenn nötig, hilft Ihr Zoofachhändler dabei. Geeignete Maßnahmen (siehe bei Problem »Fische atmen schnell«, Seite 65) ergreifen. Spezialmedikamente aus dem Zoofachhandel einsetzen.
Problem	Die **Fische scheuern sich an Gegenständen** im Aquarium, stehen mit **geklemmten Flossen** und führen windende Bewegungen aus. Sie fressen schlecht und magern sichtbar ab.
Ursache	Ektoparasiten. Wasserschäden.
Maßnahmen	Sofortige Zugabe von Heilmittel gegen Ichthyo, verbunden mit den entsprechenden Maßnahmen (S. 60). Wasserwechsel.
Problem	**Geklemmte, grau schimmernde Flossen und Körperteile** bei Argusfischen, Silberblattfischen, Schützen- und diversen Kugelfischarten. Alle Fische zeigen eine sehr dunkle Körperfärbung.
Ursache	Diesen Brack- oder Mischwasserfischen fehlt die artgerechte Haltung. pH-Schäden und Stoffwechselstörungen sind die Folge. Verpilzungen und Schleimhautabsonderungen sind deutlich zu erkennen.
Maßnahmen	Den Fischen ein artgerechtes Spezialaquarium bieten! Sie gehören nicht in ein Süßwasseraquarium.
Problem	Es tritt beim Fisch eine **Glotzaugenbildung** auf, die Augen treten blasenartig hervor.
Ursache	Meistens ist die Glotzaugenbildung auf schlechte Wasserverhältnisse zurückzuführen.
Maßnahmen	Wasser auf die Beschaffenheit hin untersuchen: Nitrat, pH und Leitfähigkeit überprüfen oder von Ihrem Zoofachhändler prüfen lassen. Einen Teilwasserwechsel durchführen.
Problem	**Das Aquarienwasser wird trüb** (grau oder grün).
Ursache	Ein Massenbefall von Infusorien (Rädertierchen/Pantoffeltierchen) oder einer grünen Schwebealge (*Volvox*). Abgestorbene Fische oder

Schnecken. Aufgewirbelter Bodengrund. Überfütterung, gärender Bodengrund und ein völlig überbelastetes Filtermaterial.
Infusorien und grüne Schwebealgen bekämpft man am besten mit einer UV-Lampe. Das Filtermaterial austauschen (evtl. Filterkohle zugeben). Spezialpräparate aus dem Zoofachhandel einsetzen.   Maßnahmen

Auf der Wasseroberfläche bildet sich eine graue, schmierige Haut.   Problem
Bakterien, hervorgerufen durch zu wenig Oberflächenwasserbewegung.   Ursache
Teilwasserwechsel plus Frischwasserzusatz. Einsatz eines »Oberflächenabsaugers«, welcher vor den Motorfilter geschaltet wird. Für bessere Oberflächenbewegung sorgen.   Maßnahmen

Das Aquarienwasser fängt an, muffig zu riechen (faulig).   Problem
Faulender Bodengrund. Zuwenig Wasserwechsel. Altes Filtermaterial.   Ursache
Bodengrund überprüfen und, wenn nötig, austauschen. Die Intervalle zwischen den Teilwasserwechseln verkürzen. Filtermaterial austauschen (evtl. Kohlefilterung).
Regelmäßig den Mulm vom Bodengrund absaugen.   Maßnahmen

Das Aquarienwasser färbt sich sehr stark gelblich-braun.   Problem
Harnpflichtige Substanzen sind in großer Menge angefallen. (Auch Fische geben Urin ab.) Zuviel humin- und gerbsäurehaltige Substanzen im Wasser.   Ursache
Teilwasserwechsel und pH- sowie Nitrit-/Nitratmessung zur Überwachung der Wasserqualität durchführen. Ein Kohlefilter entnimmt dem Wasser Farbstoffe, aber nicht den Urin.   Maßnahmen

Der **Bodengrund wird schwarzbraun,** und faulig riechende Blasen steigen auf. Die **Pflanzen beginnen vom Boden her zu faulen.** Die Wurzeln werden schwarz.   Problem
Falsche Bodengrundzusammensetzung. Faulende Zusätze (Torfplatten, Erde usw.). Falsche Kieskörnung, zu hohe Schichtung und damit zu geringer Wasserdurchsatz.   Ursache
Bodengrund austauschen. Richtige Körnung wählen (3–5 mm). Bodengrunddünger verwenden. Den Bodengrund nicht über 7 cm auffüllen.   Maßnahmen

Viele **Schnecken sterben** ohne ersichtlichen Grund ab.   Problem
Medikamente im Wasser? Vergiftung durch unverträgliche Wasserzusätze.   Ursache

Maßnahmen Überprüfen, ob evtl. Fische sich an den Schnecken vergreifen (Kugelfische und Schmerlen). Wasserwerte überprüfen (pH-Wert). Vor Medikamentenzugabe die Schnecken aus dem Wasser nehmen und in separate Behälter setzen.

Problem **Die Wasserpflanzen zeigen Löcher.**
Ursache Fraßstellen, durch Fische und Schnecken hervorgerufen. Mangelerscheinungen durch Fehler bei der Pflanzenpflege.
Maßnahmen Verursacher ermitteln und Fische oder Pflanzen austauschen. Pflanzendünger austauschen oder zu hohe Nitratwerte durch regelmäßigen Teilwasserwechsel senken.

Problem **Die Wasserpflanzen werden gelb, und das Wachstum stagniert.**
Ursache Mikro- oder Makronährstoffe fehlen oder sind in falscher Menge dosiert. Die CO_2-Düngung reicht nicht aus. Der Bodengrund fault. Zuwenig Licht. Stark verringerte Leuchtintensität der Leuchtstoffröhren. (Leuchtstoffröhren verlieren nach 6–8 Monaten sehr stark an Leuchtkraft.)
Maßnahmen Gute Pflanzenpflegemittel verwenden. CO_2-Düngung installieren oder die CO_2-Menge erhöhen. Leuchtstoffröhren mit je 3 Tagen Abstand austauschen. In Fachliteratur aus dem Zoofachhandel unter dem Kapitel Wasserpflanzenpflege nachlesen.

Problem **Die Cryptocorynen faulen ab.**
Ursache Wasserschock, Nitratüberschuß oder Bakterien. Lichtschock durch das Auswechseln aller Lampen zur gleichen Zeit.
Maßnahmen Teilwasserwechsel vornehmen und über guten Torf filtern. Frischwasserzusatz zufügen.

Problem **Algen treten in Form von schmierigen, blauschimmernden Teppichen** auf Scheiben, Dekorationsmaterial und Bodengrund auf.
Ursache Gestörte Wasserverhältnisse. Durch zu wenige Wasserpflanzen, zu viele Fische, durch Überfütterung, Überdüngung mit phosphathaltigen Düngern, hohe Nitratwerte und zuwenig Teilwasserwechsel kommt es immer wieder zu solchen Schadbildern. Auch sehr hartes, alkalisches Aquarienwasser fördert den Blaualgenwuchs.
Maßnahmen Die Algenteppiche absaugen. Wenn möglich, mehr Pflanzen einbringen. pH-Wert überprüfen und gegebenenfalls Wasserwerte verändern. Für gute Sauerstoffverhältnisse sorgen. Futtergewohnheiten überprüfen (gutes Futter verwenden). Beleuchtung auf die richtige Lichtfarbenmischung und auch auf die Beleuchtungsdauer hin überprüfen. Regelmäßig einen Teilwasserwechsel vornehmen und das Filtermaterial rechtzeitig austauschen.

Die **Fische** schwimmen an der Wasseroberfläche und atmen sehr schnell, **zeigen Erstickungserscheinungen.**   **Problem**

Sauerstoffmangel.   **Ursache**

Für gute Wasserbewegung sorgen. Die Temperatur kontrollieren   **Maßnahmen**
und sofort Schmutz und belastende Stoffe entfernen (Mulm und altes Filtermaterial). Sauerstofftabletten als erste Hilfe verwenden. Bodengrund und Dekorationsmaterial auf Fäulnisherde überprüfen. Wenn der Sauerstoffmangel nach dem Ausschalten des Lichtes auftritt, nachts für eine Durchlüftung des Aquariums sorgen.
Fischbesatz überprüfen (zu viele Fische?). Den Wasserstand überprüfen, wenn Labyrinthfische anfangen zu taumeln. Die Deckscheiben sollten nie mit dem Wasserspiegel abschließen, sondern zwischen Wasserspiegel und Deckscheibe muß ein guter Gasaustausch möglich sein!

Die **Fische atmen sehr schnell,** sie schwimmen dicht unter der Wasseroberfläche, versuchen aus dem Becken zu springen, schwimmen ruckartig und zuckend. Die Kiemen sind auffallend stark gerötet.   **Problem**

Sauerstoffmangel, Umsetzschock, Laugen- oder Säureschaden, Ammoniak- oder Nitritvergiftung, CO_2-Vergiftung oder Vergiftungen durch haushaltsübliche Sprays, Pflanzenschutzmittel oder Insektenspray.   **Ursache**

Stark durchlüften, Sauerstofftabletten einsetzen, die Ursachen nach   **Maßnahmen**
obigen Checkpunkten ermitteln und abstellen. Temperatur und die Gerätefunktionen überprüfen.
Bei Laugenschaden (pH-Wert über 8,5) Wasserwechsel und Zugabe von Torfextrakt, Torffilterung und evtl. Einsatz von Wasseraufbereitungssystemen.
Bei Säureschaden (pH-Wert unter 5,5) Teilwasserwechsel mit gepuffertem Wasser (Puffersubstanz aus dem Fachhandel zugeben), über Korallensand oder Marmorsplitt filtern.
Bei Ammoniakvergiftungen oder Nitritvergiftung das Wasser ansäuern bis zum pH-Wert von 6,7 (mit Mitteln aus dem Zoofachgeschäft möglich). Die pH- und KH-Werte überprüfen.
Wenn eine Vergiftung durch Sprays vorliegt, so muß man sofort einen Teilwasserwechsel mit Zugabe von Frischwasserzusatz vornehmen, evtl. einen guten Kohlefilter vorschalten und für starke Durchlüftung sorgen.
Chlorvergiftungen treten hin und wieder in Aquarien auf, die Chlorzugaben werden jedoch durch Frischwasserzusatz und Durchlüftung oder Wasseroberflächenbewegung schnell beseitigt.

Die **Wasserpflanzenblätter liegen auf dem Bodengrund,** und die Pflanzen wollen nicht normal nach oben wachsen.   **Problem**

Falsche Lichtfarbe der Röhre oder Lampe.   **Ursache**

Maßnahmen Lampen oder Röhren mit höherem Blauanteil zusetzen oder austauschen. (Siehe Kapitel Licht.)

Problem Die Wasserpflanzenblätter und Stiele neigen dazu, blaß oder gelb **übermäßig in die Höhe zu wachsen.** Die Stengelabschnitte zwischen den Blattansätzen sind zu lang.

Ursache Falsche Lichtfarbe der Röhre oder Lampe. Zuwenig Licht, Fehlen von CO_2, falsche oder mangelhafte Düngung oder zu geringe Beleuchtungsdauer.

Maßnahmen Beleuchtung optimieren (evtl. mehr Rotanteil), CO_2-Düngung installieren, mit gutem Wasserpflanzendünger arbeiten.

Problem **Die Schwimmpflanzen wollen nicht wachsen und sterben ab.**

Ursache Zuwenig Licht. Der Abstand zwischen der Deckscheibe und dem Wasserspiegel ist zu gering. Verschmutzte Deckscheiben.

Maßnahmen Schwitzwasser von der Deckscheibe entfernen. Verschmutzte Deckscheiben lassen kaum mehr Licht durch – reinigen! Zuwenig Licht (Schwimmpflanzen brauchen sehr viel Licht). Offene Aquarien mit Hängelampen darüber lassen auch Schwimmpflanzen besser gedeihen und Seerosen blühen.

Problem In offenen Aquarien treten bei den überwasserwachsenden Pflanzen **Blattläuse** auf.

Ursache Blattlausfreundliches Milieu.

Maßnahmen Blätter und Pflanzen kurzfristig untertauchen und eierlegende Zahnkarpfen sowie Beilbauch- und Labyrinthfische als Blattlausfresser einsetzen. Auf keinen Fall mit chemischen Mitteln arbeiten!

Problem **Das Aquarienwasser ist zu sauer.**

Ursache Zuwenig KH. Zuviel Säurebilder, zuviel CO_2, Säuresturz.

Maßnahmen pH-Wert messen, Teilwasserwechsel durchführen, wenn nötig pH-Puffer (über Korallen/Meersand oder Marmorsplitt filtern), stark durchlüften und CO_2 überprüfen (Dauertest).

Problem **Das Aquarienwasser ist zu alkalisch.**

Ursache Zuviel Härtebilder, kalkhaltiges Dekomaterial, Ausgangswasser zu hart.

Maßnahmen KH laufend testen, Härte durch Teilwasserwechsel mit vollentsalztem Wasser bis auf 3° senken. Über guten Torf filtern. CO_2-Werte überprüfen und Torfextrakt zugeben. Wasser aufbereiten.

Das Aquarienwasser ist zu weich. | Problem
Zuwenig KH im Ausgangswasser (Puffersubstanz fehlt). | Ursache
Teilwasserwechsel mit KH-haltigem Wasser. Über Korallen/Meer- | Maßnahmen
sand oder Marmorbruch filtern. pH-Puffersubstanz zugeben.

Das Aquarienwasser ist zu hart. | Problem
Das Leitungswasser ist zu hart. Kalkhaltiges Dekomaterial oder Fil- | Ursache
termaterial.
Teilwasserwechsel mit vollentsalztem Wasser. Oder Enthärtungs- | Maßnahmen
system zuschalten. Über guten Torf filtern.

Auf Wasserpflanzen und Aquarienscheiben zeigen sich **graue oder** | Problem
braune Beläge.
Schmieralgenbildung. | Ursache
Von den Scheiben kann man die Beläge mit einem Scheibenreiniger | Maßnahmen
entfernen. Die Lampen müssen auf ihre Leuchtkraft überprüft
werden. Die Wasserverhältnisse (Nitrat) müssen überprüft werden.
Algenfressende Fische wie Siamesische Rüsselbarben, *Ancistrus,*
Otocinclus zur biologischen Bekämpfung einsetzen.

Die **Deckscheiben** des Aquariums überziehen sich mit einem | Problem
grauen, harten Belag.
Kalkablagerungen durch Wasserverdunstung. Bei hohen KH-Werten | Ursache
besonders stark.
Mit 10–20%iger Salzsäure werden die Scheiben gut gereinigt. Auch | Maßnahmen
Essig ist zu diesem Zweck geeignet. Für die Kalkränder des Aquariums benutzt man Scheibenreiniger aus dem Zoofachgeschäft. Die
KH-Werte müssen überprüft und ggf. korrigiert werden.

Literatur

BRÜNNER, GERHARD/PETER BECK: Neue Wasserpflanzen-Praxis. Melle 1990

DREYER/KEPPLER: Das KOSMOS-Buch der Aquaristik. Stuttgart 1993.

GREGER, BERND: Aquarienpflanzen. Stuttgart 1991.

KRAUSE, HANNS-J.: Wasser für unser Aquarium. Stuttgart 1991.

PAYSAN, KLAUS: Aquarienfische. Stuttgart 1992.

SCHUBERT/UNTERGASSER: Krankheiten der Fische. Stuttgart 1991.

STAWIKOWSKI, RAINER: Fische im Biotop-Aquarium. Stuttgart 1990.

UNTERGASSER, DIETER: Krankheiten der Aquarienfische. Stuttgart 1989.

VIERKE, JÖRG: Die beliebtesten Zierfische. Stuttgart 1990.